仕事も人間関係もうまくいく

「気遣い」のキホン

三上ナナエ

PHP文庫

○本表紙図柄＝ロゼッタ・ストーン（大英博物館蔵）
○本表紙デザイン＋紋章＝上田晃郷

はじめに

突然ですが、「ＣＡ（客室乗務員）」と聞くと、どんなイメージをお持ちになりますか？

どこかに、「気遣いができる人」「気がきく人」というイメージがあるかもしれません。でも、それが最初から備わっている人はほんのごくわずか。ＣＡの仕事をする中で、磨かれていくものなのです。

小さい頃から「のんびりしてるね」と言われることが多かった私は、大人になってもその性格は変わらず、ＣＡになりたての頃は毎日のように失敗ばかりを繰り返していました。先輩から叱られるたびに落ち込み、なんとか巻き返そうと一所懸命に先輩やお客様に気を遣う「努力」をしていました。

でも、努力すればするほど空回り。立ち居振る舞いは挙動不審になり、発する言葉は意味不明。しまいには、自分自身でも何をやっているのかよくわからなくなる始末。

そんな毎日に、私はいつしか疲れ果ててしまい、フライトの前日は夜も眠れない日々が続きました。

「なんで私はこんななんだろう……」

「さりげなくスマートに気遣いできる人がうらやましい」

「私はどうしたらいいんだろう……」

そんなことばかりを考えていました。


でも少しずつ仕事に慣れて、だんだんまわりの状況が見えるようになると、まわりの人がどんな気遣いをしているのかが見えてくるようになったのです。

そこで私は、あることに気づきました。それは、**相手にとって嬉しいと思う**

気遣いとは「ちょっとしたこと」だということです。

気合いを入れてやることでも、ものすごい大きな仕掛けや、高いお金をかけるものでもないのです。入念な準備もいりません。さりげない一言や些細《ささい》な行動が、大きな気遣いになるということに気づいたのです。

今となっては「気遣い」とはそういうものだと思えますが、その当時の私にとっては目からウロコ。なんだかスーッと気持ちが楽になっていく感覚がありました。

「なんだ、これなら私にもできるかもしれない！」

この感覚は、驚きであり、嬉しさでもありました。

そして「ちょっとしたこと」を実際にやってみると、まわりの人がどんどん笑顔を返してくれるようになったのです。

振り返ってみてあらためて思います。

気遣いは、**特別な人に備わっている先天的な資質や性格ではなく、後からいくらでも身につけられる簡単なスキル**。

相手のことを思い、ちょっとした言葉や態度でそれを伝える。それを繰り返して習慣にしていく。ほんのちょっと意識を変えるだけで、ほんのちょっとコツをつかむだけで、誰でも気遣いの達人になれるのです！

嘘だと思うかもしれませんが、こんな私がそうなれたのだから間違いありません！

本書では、そのエッセンスを余すところなく書かせていただきました。上手な気遣いができなくて悩んでいる人はもちろん、仕事や人間関係で悩んでいる一人でも多くの人に届けられたら――それが私の思いです。

できるだけいろいろな切り口で、すぐに真似できるように、簡単なコツや事例をたくさん詰め込みました。本書を読み終えた後、あなたの抱える悩みがスッキリ解消し、新しい自分に出会えることを願っています。

そんなあなたの笑顔が見られたら、これ以上に嬉しいことはありません。

ぜひ、本書を楽しんで読んでいただけたら幸いです。

三上ナナエ

仕事も人間関係もうまくいく「気遣い」のキホン　もくじ

第1章 「小さな気遣い」で仕事も人間関係もうまく回り出す

第2章　まずは身につけたい「会話」の気遣い

第3章 相手の印象に強く残る「見た目」「声」の気遣い

第4章 絶妙なさじ加減で、気遣いができるようになる方法

第5章 一歩先の気遣いで「誰からも好かれる人」になる

第1章

「小さな気遣い」で仕事も人間関係もうまく回り出す

1

「気遣い」とは、相手の気持ちを少し想像すること

「遣」という字に込められた意味

気遣いや言葉遣いの「遣い」の漢字は、「使い」ではありません。

「遣」という漢字には、「思いを伝える」「心をはたらかせる」という意味があるそうです。遣唐使の「遣」も、この漢字を書きますよね。きっと遣唐使は、モノや情報、文化だけではなく、思いも一緒に伝えていたのかもしれません。

一方で「使」という漢字は、「ティッシュペーパーを使う」「ペンを使う」など、消費するものに対してよく使われます。

この漢字の意味の違いからもわかるように、**気遣いは「思い」がもとになっているもの**なのです。

チーフパーサーが、笑顔を消して静かに挨拶したワケは？

CA時代、相手への思いが伝わる素敵な気遣いをしている先輩がいました。

CAは普段、出発時、搭乗口のドアの外に出て、お客様にお出迎えの挨拶をします。

あるとき、いつもなら明るく笑顔を交え、ハキハキした声で「いらっしゃいませ！　おはようございます！」と言うチーフパーサー（その便のCAの最高責任者）が、急に声を落とし、笑顔を消して静かに挨拶をしました。

その様子が見える位置にいた私は、「あれ、どうしたのかな？」と不思議に思いました。

そして、お客様をよく見てみると、喪服を着た方々がちょうど搭乗されるところだったのです。

その方々が目の前を通りすぎるとき、チーフパーサーは悼《いた》む表情で静かに頭を下げて挨拶をしていました。

その頃の私はまだ新人で、右も左もわからず、ただ元気な挨拶をするだけが取り柄といった状態でした。この光景を見て「私に、チーフパーサーのような咄嗟《とっさ》の気遣いができただろうか?」とハッとしたことを覚えています。

一瞬のやり取りに違いが出る

気遣いとは、〝相手の気持ちを想像し、思いを伝えること〟だと思います。

ただ入口で判で押したような挨拶をしていたら、相手の気持ちに寄り添った挨拶はできないでしょう。「挨拶をする」のが目的ではなく、一人ひとりのお客様の気持ちに応えるために「挨拶」という手段をとっていたのです。

飛行機に乗ってくださる方は、もちろん楽しい旅行だけではなく、さまざまな理由でご利用されます。「どんなご事情なのかな？」と深入りしなくても、様子を見て状況を察する力は大切です。

気を落とされている方に向かって、満面の笑みで「いらっしゃいませ！　おはようございます！」と元気よく大きな声で挨拶をしたら、相手はどんな気持ちになるでしょうか？

チーフパーサーのように、**相手の心情に寄り添うことで、たとえ一瞬のやり取りであっても、自分の気持ちは相手に伝わる**ものです。

ほんの少しの気遣いが、人との関係性をつくっていくのです。

2

「気遣い」ができるだけで、今の状況が好転する！

仕事はできるのに人間関係でつまずく

私の友人で、頭の回転は速いのですが、思ったことを直球で相手にズバッと話してしまう人がいました。裏表のない信用のおける人で、個人的には好きでしたが、いつも職場の人間関係に悩んでいました。

「はっきり言っちゃうからよく誤解されるんだよね。長い付き合いの人はわかってくれるんだけど……」

ビジネスシーンにおいては、気長にじっくり付き合ってくれて、自分の良さを時間をかけて見極めてくれるなんてことは非常に稀《まれ》です。

ときには、最初の印象だけで「この人は感じが悪い！」と見限られてしまう可能性だってあります。ビジネスにおける評価は、とてもシビアなのです。

気遣いができないと、総合評価は「ゼロ」

私が尊敬する先輩に、「いくら仕事が速く正確にできても、感じが悪いと思われたら評価はゼロになる可能性がある」と言われたのを思い出します。

つまり、人間の評価は総合力。各能力は、かけ算であって足し算ではない。どこかが「ゼロ」だと、結果「ゼロ」になってしまうこともあるのです。どんなに高い事務処理能力があったとしても、**気遣いができないだけで「ゼロ」の評価を下されることだってあります**。

仕事は一人で進めることはできません。「感じが悪いから、あまり関わりたくない」と思われたら、まわりの協力を得られないだけでなく、いずれ孤立して、仕事が立ち行かなくなるでしょう。

でも、私は無理して感じを良くしろと言いたいわけではありません。

ほんのちょっとの気遣いで、「感じが良い」とまわりに信頼される人もいれば、ちょっとの気遣いができないばかりに「感じが悪い」と見放されてしまう人もいるということを知っておいてほしいのです。

まわりから好かれると、やりたい仕事ができる

「感じが良い」と思われると、どんな良いことがあるのでしょうか？

たとえば、

ここぞというときに選ばれる。大きな仕事を任される。

大変なときに協力してもらえる。出会いが広がる。

情報が集まる。

「気遣い」ができると、どう変わる？

図版 01

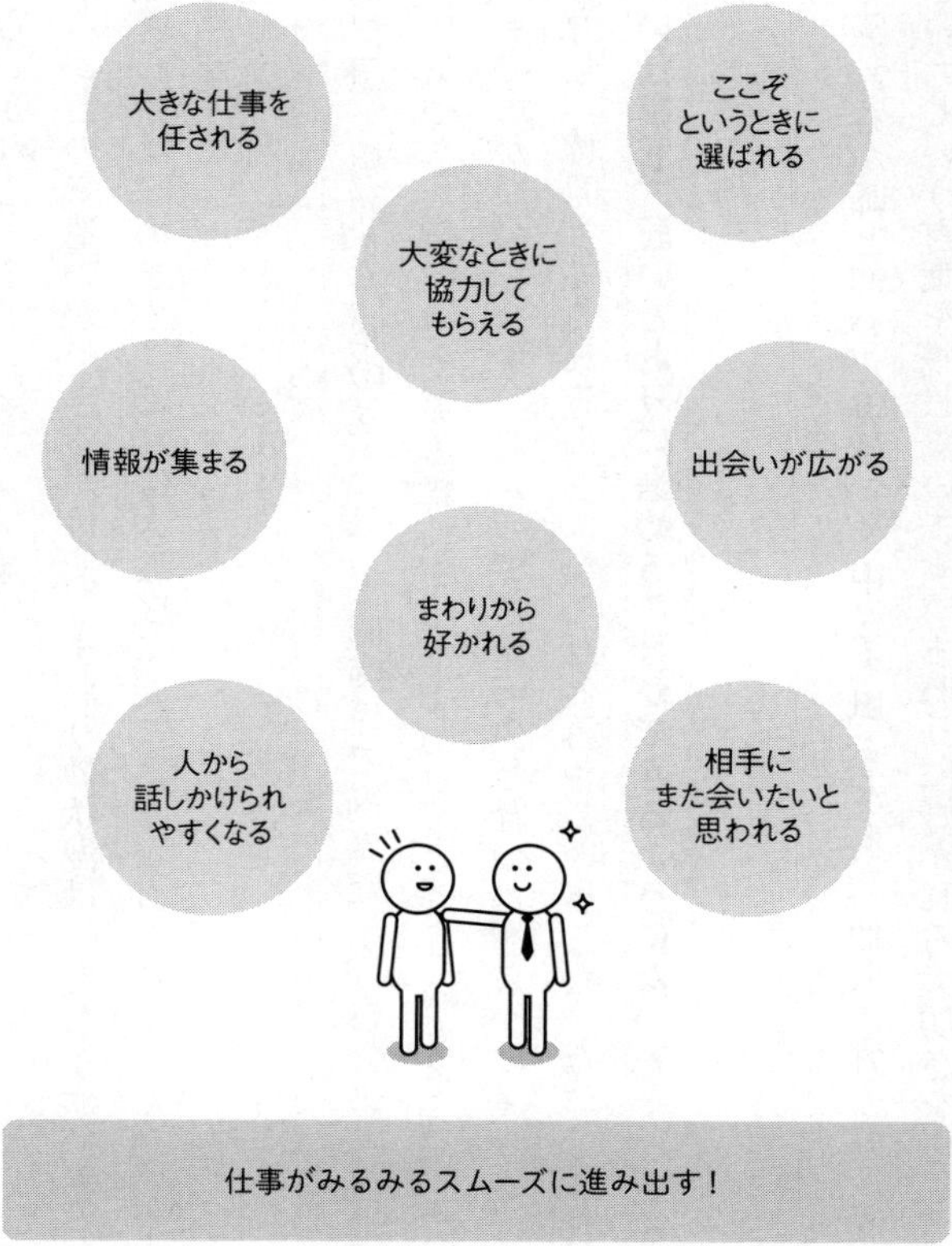

まわりから好かれる……。

ほんのちょっとの気遣いができるだけで、まわりの状況は一変します。あなたの人生も変わりはじめます。これは大袈裟《おおげさ》に聞こえるかもしれませんが、本当のことです。

この項の冒頭で紹介した私の友人も、人間関係で悩んだ末、自分の「気遣い」のなさに気づき、言い方や振る舞いを少しずつ見直していったそうです。最初はいつもの癖がなおらなかったようですが、少し経つと明らかにまわりの人たちが協力し、賛同してくれるようになったと言っていました。今では「**自分のやりたい仕事を、思いどおりに進めることができるようになった**」と明るい表情で話します。

名だたる経営者が師と仰いだ実業家・中村天風さんも、「他人に好かれる人になりなさい」という言葉を残しています。まわりに好かれる大切さを説いているのです。

ほんのちょっとの気遣いで、まわりの人との関係は大きく変わります。でも、それは何も難しいスキルではありません。誰でもすぐにはじめられる簡単なワンアクション。ぜひ、まわりの状況を、あなたの人生を、良い方向へと変えていきませんか？

3 性格や才能ではなく誰でも手に入れられるスキル

CA時代は、失敗だらけの毎日

「気遣い」と言われると、すごく難しいことのように感じる方がいるかもしれません。

社会人として働きはじめた頃の私も、そう感じていました。

CAは気遣いができて当たり前。お客様に喜んでいただけるサービスをリードして行わなければならない。頭ではそうわかっているつもりでも、現実の私は、目の前のことをただ右から左に行うだけで精一杯な日々を過ごしていました。

たとえば、お客様にお水を頼まれて持っていこうとすると、その様子を見た先輩からこんな指摘がありました。

先輩「お客様はそのお水を何のために飲むの？」
私「は……はい、何のためかは聞いていませんでした……」
先輩「お薬だったらお湯を入れたほうがいいよね。風邪だったらのど飴《あめ》を一緒に持っていくこともできるよね。今度から『常温がいいでしょうか？』って聞いてみるといいよ」

また、こんなこともありました。

先輩「三上さん、あのお子様にお声かけした？」

私「は……はい？」
先輩「あちらにいるお子様、ジュースをたくさん飲んでいたよね。もうすぐベルト着用サインが点灯するから、お手洗いのお声かけをしてきて！」
（私の心の声）そうか。さっき機長から、あと7分で飛行機が降下開始するから揺れが予想されるって情報がきたっけ……。

さらには、こんなことも。

飲み物サービスのとき、お客様がワゴンの飲み物を見渡して、

「じゃあ……コーヒーで」

と言ったのに対して、そのままコーヒーをお渡しすると、そのやり取りを聞いていた先輩から指摘がありました。

「あのお客様の言い方は、まあコーヒーでいいか……っていうニュアンスだよね。ワゴンに出てない飲み物もたくさんあるんだから、こちらから踏み込んで

他も提案してみなきゃ」

万事こんな調子。

この仕事、私には向いてないのかもしれない……と本気で悩み、フライトが終わるたびに落ち込んでぐったりしていました。

どうしたら上手な気遣いができるようになる？

そんなとき、自信をなくしかけた私の様子に気づいた先輩が、こんなアドバイスをしてくれました。

「私の新人時代はもっとひどかったよ〜！　まずは、しっかり基本業務に慣れるのが先。その後に、『いいな！』と思った先輩のサービスを覚えておいて、真似してやってみるのが一番だよ」

確かに、先輩の言うとおり、特別なことをしようと力《りき》むと、考えすぎて何もできなくなる自分がいました。まずは、自信を持って目の前の仕事をできるようになるのが先だと思い、一つひとつ目標を立てて基本を徹底的に身につけることに集中しました。

半年くらい経つと、確実にできることが増えていくのを実感でき、自信も少しずつ回復していきました。基本の業務が自然にできるようになると、いつもと違う状況が発生したときにも、対応できる余力が生まれます。また、気持ちに余裕ができ、今まで見えていなかった部分まで見渡せるようになりました。

逆に、基本ができていないのに小手先で先輩の真似だけをしようとすると、何か突発的なことが起きたときに大慌てしてしまうものです。

最初から器用にできなくていい

プロ野球選手とアマチュア選手の最も大きな違いは、「基本の素振りの量」

と言われています。超一流のメジャーリーガーも、「一番何を練習したか？」という質問に「素振り」と答えていました。基本ができているからこそ、年々フォームを改良しても、対応できるのです。

スポーツであれ、仕事であれ、**何事も基本を押さえた上で初めて応用ができるようになる**ということです。

まずはしっかり基本を身につけること。その上で「こんな気遣い素敵だな！」というシーンを覚えておき、実際に真似していくと、どんどん引き出しが増えていきます。すると、その場に合った「気遣い」が自然とできるようになっていくのです。

「最初から器用にやれる人ほど、ある時期から急に成長が止まってしまうものよ」とCA時代の教官に言われたことがあります。

コツコツ積み上げていく人ほど着実に年々成長していく。「基本」と「真似」から、上手な「気遣い」を身につけていきましょう。

そしてそれは、**決してもともと備わっている能力や性格ではなく、行動であり、習慣であり、意識して身につけることができるスキル**なのです。いくつかのコツを会得《えとく》しながら、繰り返し、繰り返し実践することで誰でも自然とできるようになります。

必要性を感じて磨きをかけている人であれば、必ず身についていくものなのです。

4

ためらいすぎて、何も行動できないのは損

「声かけ」は、相手を知るための大事な手段

接客などで、最初に声をかける動作を「ファーストアクション」と言います。

実は、できる店員さんほどお客様へのファーストアクションが誰よりも早いという共通点があります。

ファーストアクションは何のために行うのかというと、「お客様の来店目的

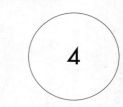

を見極めるため」のものです。じっくり見たいのか、ただちょっと見たいだけなのか、自分用に買うのか、誰かへプレゼントする用に買うのか……など、お客様が求めていることを把握するため、言わば「相手を知るため」に行うものです。

では、なぜ早めに声をかける必要があるのでしょう。

それは、**相手の気持ちを早めに察することが「気遣い」**だからです。早めに声をかければ、早めの判断ができ、あなたもお客様も有意義な時間を使うことができます。

ゆっくり選びたいときに、しつこく声をかけられてしまうと「自由に見たいのになあ……」と逃げ出したい気持ちになることがあります。

一方で、買う気満々でお店に来たのに、声をかけてくれる様子がないと「やっぱり買わなくてもいいかな……」と意気消沈してしまうこともあります。商品のことを聞きたいのに聞けない、試着したいのに声をかけづらい……。

しつこくされるのは嫌だけど、必要なときはすぐに声をかけてほしいというのがお客様の心理です。

「早めに声をかける」と「早めの判断」ができる

以前、なんとなくフラッと入ったお店の店員さんの対応に、やさしい気遣いを感じたことがありました。挨拶をした後、私が見ている商品の説明を軽くしてくれたのですが、私の反応が鈍いのを感じたのか、「お声をかけていただければすぐに飛んで来ますので、ゆっくりご覧くださいね」と言って、サッと引き下がってくれたのです。

その引き際に、「ゆっくり見て楽しんでほしい」という店員さんの気遣いを感じました。その後、自分のペースでお店の中を見ることができた私は、結局予定外のものまで買ってしまいました。

「声をかけたらうっとうしいと思われるかな」と心配になる方がいるかもしれません。でも、**「買ってもらうため」ではなく「相手を知るため」に話しかける**と思えば、躊躇《ちゅうちょ》なく行えるはずです。

お客様の目的を見極められず放っておいてしまうことは、早めに声をかけることの何倍もお客様をがっかりさせてしまうリスクがあります。お客様が何を求めているのか、その「判断材料」を得るためにも、ファーストアクションは重要なのです。

そして、声をかけたときには、相手が「どんな表情をしたか」「どんな声のトーンになったか」をしっかりと観察すること。このまま会話を続けてＯＫなのか、ＮＧなのかをそこで判断しましょう。

「無関心」にだけはならないで

マザー・テレサの名言「愛の反対は憎しみではなく無関心です」という言葉を聞いたことがある方も多くいらっしゃるでしょう。「無関心」というのは、とても冷たい言葉です。

CA時代の先輩で、お客様からも仲間からも絶大な人気があったYさんは、いつも「**どうした〜？　なんか今日は元気なく見えるけど**」と躊躇なく、まめに声をかけてくれる人でした。

声をかけてくれた後はサッと引いて放っておいてくれたり、つっこんで聞いてくれたり。当時は「なんでこんなに気持ちに寄り添うコミュニケーションができるんだろう？」と不思議に思っていましたが、**ためらうことなく声をかけることで、その後の私の一瞬の表情の変化を感じ取ってくれていた**んだろうと、今では理解できます。

まずは、無関心にならず、声をかけてみること。そして相手の反応を感じ取ること。

何より「早め」のアクションが、相手への一つの気遣いになることを覚えておきましょう。

5

「気遣い」が空回りするのはどうして？

「やっておきましょうか？」の一言で変わる

ＣＡの仕事は、毎回フライトするメンバーが替わります。

メンバー次第で、自分がどのように動いたらいいかを考える必要があるので、メンバー発表はいつもドキドキでした。

特に先輩ＣＡでかつ初対面だと、どんなところをフォローすればいいのか、ガチガチに緊張しながら探ったものです。余計なことをして怒らせてしまったことも数知れず……。「私じゃなくてお客様に気を遣ってくれる？」と言われる始末。

できない人と思われたくない気持ちが強すぎて、1歩先ではなく、考えすぎて3歩先くらいを行ってしまっていたのです。

この頃の私は、組む相手が威圧的な雰囲気の人だと感じると、なるべく接触を減らしたいという心理がはたらき、「聞いて確認する」という大事なアクションを、無意識に省いてしまう癖がありました。

そのたびに怒られてばかりだった私は、**苦手だと感じる人であればあるほど、意識して話しかけるほうがいい**ということに気づいたのです。

その一つの方法が、自分から「やっておきましょうか?」と提案することです。

すると、威圧的だと思っていた相手も「お願いね」や「それは今はやらなくていいから」と、きちんと教えてくれるようになったのです。

この一言で、スムーズに仕事を進められるようになり、結果、おかしな「空回り」が減っていきました。

本当の気遣いは自分も疲れない

私は、そもそも「褒められたい」「気づいてほしい」「好かれたい」という気持ちが強すぎて、気を遣っているのに褒められなかったり、気づかれなかったりすると、むなしさを感じて自分が疲れてしまうことがよくありました。

無意識に「相手をコントロールしたい」という気持ちがはたらいて、際限のない欲求をいつも持っていたのです。

でも、毎回のように見返りを求めていると、自分の心が疲れきっていくのがわかりました。それは、自分の欲求が埋まらないと、そのたびに落ち込んでしまうからです。小さなことで一喜一憂を繰り返していては心がもちません。

そこで、

「価値観は人それぞれだから、すべての人に好かれたいというのはあきらめよう」

「どんなに頑張っても相性が合わなくて嫌われてしまうことも、ときにはある」

「自分ではなく、相手を〝不安にさせないため〟の気遣いを心がけよう」

こんな風に思うようにしてみました。すると、力みすぎていた肩の力がスッと抜けていくのを感じました。

「相手の不安を取り除く」ためのアクション

気遣いが空回りするわけは、「相手に気に入られたい」と力んでしまい、余計なことをしてしまうから。**気に入られようと先読みして勝手にやってしまう前に、まずは自分から提案してみる。**その目的は相手を「不安にさせないたていきます。

め」。そう考えると独りよがりではない、本当に相手が求める気遣いに近づい

「不安」とは、この先何か悪いことが起こるのではないか、という未来の先取りにすぎません。でも、人は想像力があるからこそ、いろいろな不安を感じ取ってしまうものです。

ビジネスでもプライベートでも、「大丈夫かな……」という不安要素がある人とは誰だって関わりたくないですよね。

だからこそ、あなたが、「相手を不安にさせないためにはどうすればいいか」を考え、行動することが大事なのです。すると、相手がストレスを感じなくなるばかりか、あなた自身もストレスを感じることなく、まわりと関わることができるようになっていくでしょう。

6

「気遣い」は「ない」とすぐに気づかれる

いつの間にか「気がきかない人」になっている

本当の気遣いは、相手の心に負担にならないものなので、相手に気づかれにくいものかもしれません。しかし一方で、気遣いが「ない」と「この人は気遣いが足りない」とすぐに気づかれてしまうものです。

誰しも、相手を不快にさせたいとは思っていませんので、「わざと気を遣わない」というよりは、「ついウッカリできない」ことのほうが多いのでしょう。

やっかいなことに、**「この人は気遣いが足りないな」と思われても、本人の耳に届くことはほとんどありません。**大人になると、「言わない」のが普通になってしまうからです。そして、いつの間にか、自分の気づかないところで「あの人は気がきかない」というレッテルを貼られてしまうのです。

自分のことで手一杯のときほど要注意

私は以前、たまたま自分の気遣いのなさを知らせてもらい、大いに勉強になったことがありました。今思うと、これは本当に幸運でした。なぜなら、もしこの指摘がなければ、私はいまだに自分の気遣いのなさに気づけずにいたかもしれないのです。

それは、CA時代、新人の訓練指導をするインストラクターの仕事を任されたときのことです。私自身、その期間はとても緊張していました。無事、自分が担当している新人CAが課題をクリアし、訓練は終了。晴れて所属の班に配属されることになりました。

しかし、ホッとしたのも束《つか》の間、同期がこんなことを教えてくれたのです。「ナナエちゃんが担当していた新人さん、訓練終了後、Aさんの班に配属されること知ってたよね？　Aさんが、そのことを事前に知らせてくれればいいのにって愚痴ってたよ。Aさんは新人さんの名前を入れた歓迎メッセージを用意しておきたかったみたい」

私は、「あ〜やっちゃった」とすぐに思いました。Aさんは面倒見がよく、情の厚い人で有名ですから、先に伝えておけば、Aさんも新人の子も良いスタートを切れたはずです。気がきくインストラクターは、配属先の班の上長にメモなどで先に知らせていたようです。

私は青くなって、すぐにAさんにお詫《わ》びをしました。Aさんは、「まあ知らせなきゃいけない義務はないけどね……」と渋い表情でした。

「気がきく連絡」を心がけよう

連絡には「漏れてはいけない連絡」と、自分で相手や内容を考えて「伝えたほうがいい連絡」があります。そして、この「伝えたほうがいい連絡」こそ、「気がきく連絡」であり「気遣い」なのです。

自分のことで頭がいっぱいになっているときは、ついまわりの状況を見落としがちです。特に、忙しいとき、疲れているときほど、気にかけないと「ついウッカリ」忘れてしまうことが多くあります。

私は、このことをきっかけに、視野を広くして「連絡漏れはないか」「万が一を考え、伝えておいたほうがいいことはないか」と一呼吸おいて、考える癖をつけるようにしています。

ときに「いちいち連絡して、うるさいと思われないかな？」と迷うこともありますが、その際には**「念のためお知らせしますね」という便利な一言を使えば、相手に伝えやすくなります**。

人は、「知る」ことで安心感を得ることができます。誰かに指示されなくても、自分の頭で誰に何を伝えたほうがいいのかを考え、「気がきく連絡」を心がける。それが、相手が最終的に困らず安心してもらえる、気遣いの第一歩になるのです。

第2章

まずは身につけたい「会話」の気遣い

7

挨拶ひとつで、あなたのイメージは大きく変わる

デキる人の挨拶には「3つの共通点」がある

憧れのポストに抜擢《ばってき》される人や表彰を受ける人はみなさん、もれなく「気遣いの達人」です。たとえどんな人が相手でも、さわやかな気遣いをしてくれます。

そして、その方たちの「挨拶のしかた」には共通点があることを発見しました。

その共通点とは、

・挨拶に「気」が入っている
・挨拶の後に「気遣いの言葉」が添えられている
・自分から「先に」挨拶をする

この３つができている人なのです。

相手が心地よくなる挨拶をするには？

挨拶に「気」が入っているというのは、「あなたに向けて私は挨拶していますよ！」という魂が込められているのです。

一人ひとり目を見て、心に届くように挨拶をしてくれるので、その魂の込められた挨拶をされると、自然に背筋が伸びて「よし、私も頑張るぞ」と思えるのです。

そして、**挨拶だけでは終わらない気遣いの言葉が、必ず添えられています。**

でも、それは相手にとって負担にならない一言になるよう工夫されています。

たとえば、病欠明けで出勤したとき、「おはよう、昨日どうしたの？」と言われると、相手はその答えを一から話さなければなりません。

しかし「おはよう、もう大丈夫？」と言われれば、「はい、大丈夫です」で済みます。

このように、相手が考え込まず、すぐに答えられるような投げかけの一言は、ときに気遣いなのです。

「おはよう、今日は忙しそうだね？」

「お疲れさま、今日の〇〇イベント出席する？」

なども簡単に答えられるので、相手に負担をかけずに距離を一歩近づけることができます。

挨拶は「あって当たり前、ないと無礼」と言われるものだからこそ、挨拶にちょっと一言プラスするだけで、素敵な気遣いを感じることができるのです。

さらに気遣いの達人は、必ず自分から先に挨拶をします。

ＣＡの訓練生時代、教官に教えられたことがあります。

「空港でライバル会社とすれ違うときは、必ず先に挨拶をしなさい。挨拶は先にするほうが勝ちですよ」

挨拶は先にしてこそ価値があるもの。相手の挨拶に対して返すのは、ただの「返事」。

気遣いができる人は、いつでも相手を心地よくさせるツボを知っているのです。

「話しかけやすい人」になる

挨拶を通じて距離が縮まると、人間関係にも好影響をもたらします。

「気さくな人」
「明るい人」
「話しかけやすい人」
「相談しやすい人」

このようなイメージを持たれると、何かあったときにもまわりが協力してくれたり、助けてくれたりします。

ビジネスは、ごく身近な人たちの繋《つな》がりだけでは、なかなか発展していきません。半径2～3メートル以内の関係だけではなく、いろいろな人と繋がることで、仕事が広がっていくことが少なくありません。

互いの繋がりが生まれるきっかけは、意外と「挨拶」という気遣いの言葉にあるのかもしれません。気遣いの達人は、挨拶の意味やその重要性を深く感じて、実行している人なのです。

8

「ちょっとした一言」の積み重ねがまわりを動かす

感謝の言葉を惜しみなく

医療関係で働いている友人の話です。

日本の外科医でいわゆる「ゴッドハンド」と言われる名医と仕事をしたそうです。その人は、明らかに他のドクターと違うところがあると言っていました。

それは、医師や看護師などチームスタッフの一つひとつの行動に対して、必ず一言声をかけているということでした。

「ありがとう」
「そうそう」
「いいね」
「素晴らしい」
「さすが」

短い言葉だけれど、そのおかげで、緊張しやすい手術室の中でもスタッフは自信を持って行動でき、スムーズに手術を進めることができるとのこと。手術はチームプレー。執刀医の腕はもちろん大事だけれど、チーム一人ひとりのパフォーマンスが上がらないと良い結果に結びつきづらいものです。

「もっと何かしてあげたい」に繋がる一言

ビジネスシーンにおいても、**仕事がスムーズに進む人の行動の特徴として、「何かをしてもらったら気遣いの言葉をかける」ことが挙げられます。**相手に対する感謝の気持ちをしっかり言葉にして伝えられる人、と言い換えることができそうですね。

会社の受付の仕事をしている友人は、「信頼できる人は、とにかく受付の人にも感じが良い」と言っていました。何かするたびに、

「お手数をおかけします」
「よろしくお願いします」
「恐れいります」
「助かります」
「いつもありがとうございます」

など、必ず一言「気遣いの言葉」を言ってくれるそうです。

誰しも、**お礼を言われると「もっと何かしてあげられることはないかな」という気持ちになる**ものです。ほんの些細な一言かもしれませんが、あるかない

かで印象は大きく変わります。

普段からの習慣にしよう

このような「ちょっとした一言」というのは、ビジネスシーンだけで発しようとしてもなかなかできるものではありません。**「一言加えるくらい、意識すれば簡単だろう」と頭では思っていても、意外と咄嗟には出てこない**のです。

やはり、普段からの習慣が大切。

たとえば、カフェに行ったとき、お店の人に声を出してお礼を言う。銀行などで対応してくれた人に感謝を伝えるなど、普段から意識して行うことで自然に言葉が出てくるようになります。

相手が自分のために動いてくれたことに対する感謝の気持ち。そして、それを言葉で表現すること。それは、普段の生活から意識することで身についていきます。

その積み重ねによって、相手は自分に好意を持ってくれる。そして自分を慕い、また協力してくれる。ビジネスの良いサイクルに繋がっていくのです。

9

「名前」を呼ぶと、心の距離がぐんと縮まる

「〇〇さん、どうぞ」と料理を出してくれるお店

CAをしていた頃、マイレージの上級会員の方に対し、お客様の名前をお呼びしてご搭乗のお礼を伝えていました。**名前を呼ばれると、特別扱いされているような感じがして嬉しくなるだけでなく、心理的にも近くなったような感覚が起こる**というのを以前聞いたことがあります。

名古屋のあるお寿司屋さんは、美味しいことに加え、「お客様への気遣い」

で人気があることでも有名です。実際にお伺いすると、「三上さん、どうぞ」と言いながらお寿司を出してくれたり、「三上さんにお茶をお持ちしてください」と店員さん同士で指示を伝え合ったり、常に名前を呼んでくれるのです。

お店の方全員が、お客様の名前を憶《おぼ》えているのにも感激しました。

それだけで歓迎されているような気持ちになり、心地よい時間を過ごすことができました。

「売る営業マン」は顧客を必ず名前で呼ぶ

ホテルやお店などでは、「ネームコール」つまり「お客様を名前で呼ぶこと」に力を入れているところが多くあります。

でも、ビジネスシーンにおいては、意識して相手の名前を呼んでいる人は意外と少ない気がします。

以前、営業職の人と同行し、オフィス機器の説明をする仕事をしていたときのこと。私は「売る営業職」に共通する法則を発見しました。それは、**お客様を「役職名」や「肩書き」だけで呼ばない**ということです。

必ず、「佐藤社長」とか「鈴木部長」などと苗字を省略せず、会話の中で何度も繰り返しているのです。

このように、親近感が湧くコミュニケーションを取ることで、お客様の中にも、無意識のうちに、単なる営業担当者ではなくビジネスパートナーというイメージが刷り込まれていくのかもしれません。お客様が、その営業マンとにこやかに話しているのがとても印象的でした。

「呼び方」を意識するだけで、相手との距離感はグッと縮まります。

下の名前で呼ぶときは「よろしいですか？」を添える

私は以前、プライベートでは距離を近づけたくて、知り合った人を〝下の名前〟で呼ぶようにしていました。ただ、これは相手がどう思うかという視点が足りていませんでした。

あるとき、初対面の方を下の名前で呼んでいたら「私、下の名前で呼ばれるの、あまり好きじゃないんですよね……」と言われてしまったのです。

今までこちらの自己満足でやっていたことに気づき、恥ずかしいやら、悲しいやら、穴があったら入りたい気分になりました。

この経験をしてから、下の名前で呼ぶ前には必ず一言、ストレートにお聞きするようにしています。

「○○さんって呼んでもよろしいですか？」

「お友達には何と呼ばれていらっしゃいますか？」

このように聞くのが気遣いです。いきなり下の名前で呼んでしまうと、馴れ馴れしく感じることがあるので、相手もこの一言があると安心できますよね。

相手の反応をしっかり見ながら、距離を近づけたいという思いを伝えていきましょう。間違っても「自己満足」にならないように注意したいですね。

いずれにしても、「名前で呼ぶ」というのは絶大な効果があります。

相手への配慮や気遣いを忘れないようにしつつ、ぜひいろいろな場面で相手の方を名前で呼んでみてください。相手との距離が縮まっていくのがわかりますよ。

10 「すみません」は本当の気持ちが伝わりづらい

口癖になっていませんか？

ＣＡ時代、フライトを終えたある日、先輩に「三上さん、今日自分が何回『すみません』って言ったかわかる？」と聞かれました。

どうしてそんなことを聞くのだろうと先輩の真意がわからず、しばらく固まっていました。すると、先輩は「少なくとも10回は言っていたわよ。そんなに『すみません』って言わなくていいからね！」と私に言いました。

自分では「すみません」とそんなに言っている感覚がなかったので驚きまし

た。

先輩の一言があった日から**意識してカウントしてみると、確かに「すみません」と何度も言っている自分に気づきます。**これまで言っているつもりがなかったということはつまり、特に意識もせず、意味もそれほど考えず、口癖のように使っていたのだろうと思いました。

使いやすいからこそ危険な言葉

この「すみません」という言葉。よくよく考えてみると、いろいろな意味で使われていることに気づきます。

「ごめんなさい」
「ありがとう」
「ちょっとお願い」
「申し訳ありません」

「失礼します」

「恐れいります」……など。

実にさまざまな場面において、「すみません」をとりあえず使っていたのです。

それだけ便利な言葉でもあるのですが、**たくさんの意味がある分、感情がこもっていないように聞こえる**という面があります。

別の言葉で言い換えてみよう

ある素敵な女性と、少し豪華なランチをする機会がありました。

その女性は、店員さんを呼ぶ際に**「すみません」ではなく「お願いします」**と声をかけていたのです。素敵な佇《たたず》まいと言葉の調子が合っていて、思わず「さすが」と唸《うな》ってしまいました。

また、何気ない日常ではさほど問題にならなくとも、ここぞという場面で「すみません」の連発は非常に危険です。

たとえば、クレーム対応の場面で「すみません」を使ってしまうと、お客様は軽くあしらわれたという印象を受けます。このような場合は、「ご心配をおかけして、誠に申し訳ありません」と丁寧に謝罪するのが正解です。

お客様に対して「申し訳ありません」と感情を込めて言うのと、「すみません」と言うのとでは印象がかなり違います。

便利な「すみません」という言葉、あなたも使いすぎていませんか？言葉がただの口癖にならないよう、相手の気持ちに照準を合わせて、「すみません」を違う言葉に置き換えてみましょう。すると、相手に伝わる素敵な一言に変身するはずです。

11 雑談は、相手にとって「意味のある話」が大前提

お得になる情報をプレゼント

友人との雑談は盛り上がるのに、オフィシャルな場面だと何を話したらいいのかわからなくなる……という人は多いのではないでしょうか。

雑談は、目的を持って話をしなくても本来は良いものです。いろいろなところに話が飛んでもＯＫなはずです。

しかし**ビジネスシーンでは、相手との距離を縮め、良い雰囲気をつくる下地として使われることがよくありますので、気遣いのない雑談は嫌われます。**

雑談の基本は、相手の話を聴くこと。人は話をしっかり聴いてもらうと、「尊重されている」という感覚になり、その人に好感を持ちやすくなります。

まずは、相手に話をしてもらうことを意識しましょう。


とはいえ、相手の話を待っているだけでは、話が続かないことも多くあります。自分から話題を提供しなければならない場面もあるでしょう。その際には、一方的な話で終わらないよう、雑談は「相手のお得になる情報をプレゼントする機会」と捉えます。

人は「意味のない話」を聞かされると疲れてしまいます。

ここで言う「意味」とは、

・情報性
・共感性
・意外性

を指します。

情報性とは、相手にとってプラスになる情報であること。
共感性とは、相手が話に入ってこられるような共感部分があること。
意外性とは、相手が食いつくような面白い内容であること。

気遣いができる人は、相手に合わせて意味のある雑談のネタをいくつか用意しています。**雑談ネタは自己満足にならないよう、相手が受け取ったときの反応を想像しながら考えます**。それは「お土産」を選ぶ感覚にもよく似ています。
何が好きだったかな、どんなものに興味があったかな、苦手なものは何だったかな、どんなものなら喜んでくれるかな……など相手のことを考えながら話題を探してみましょう。

ブログやサイトは貴重な情報源

そのためには、相手を知ることが肝心です。

第一線で活躍されている方々の気遣いは「さすがだな！」と唸ることが多々あります。

たとえば、大手生命保険会社で講演を依頼されたときのこと、支店長が直々《じきじき》に駅まで車で迎えに来てくださいました。

そのとき初めてお会いしたのですが、私は講演前ということもあり、やや緊張していました。そんな私に気づいたのか、支店長は爽やかな笑顔で「三上さんのブログを読んでますよ」と話をふってくれたのです。

事前に見てくれていたことにまず驚いたのですが、「あの姿勢改善の記事、興味深いですね」と、具体的なお話もしてくれました。

相手のことを知るための事前準備を欠かさない姿勢。いい講演にしたい、そのためには講師にまずリラックスしてもらおうという支店長の思いが伝わる気遣いです。

話が盛り上がる仕掛けは、ほんのちょっとの気遣いにあるのだと痛感しました。

相手が喜ぶ「雑談」ってどんなもの？

図版
02

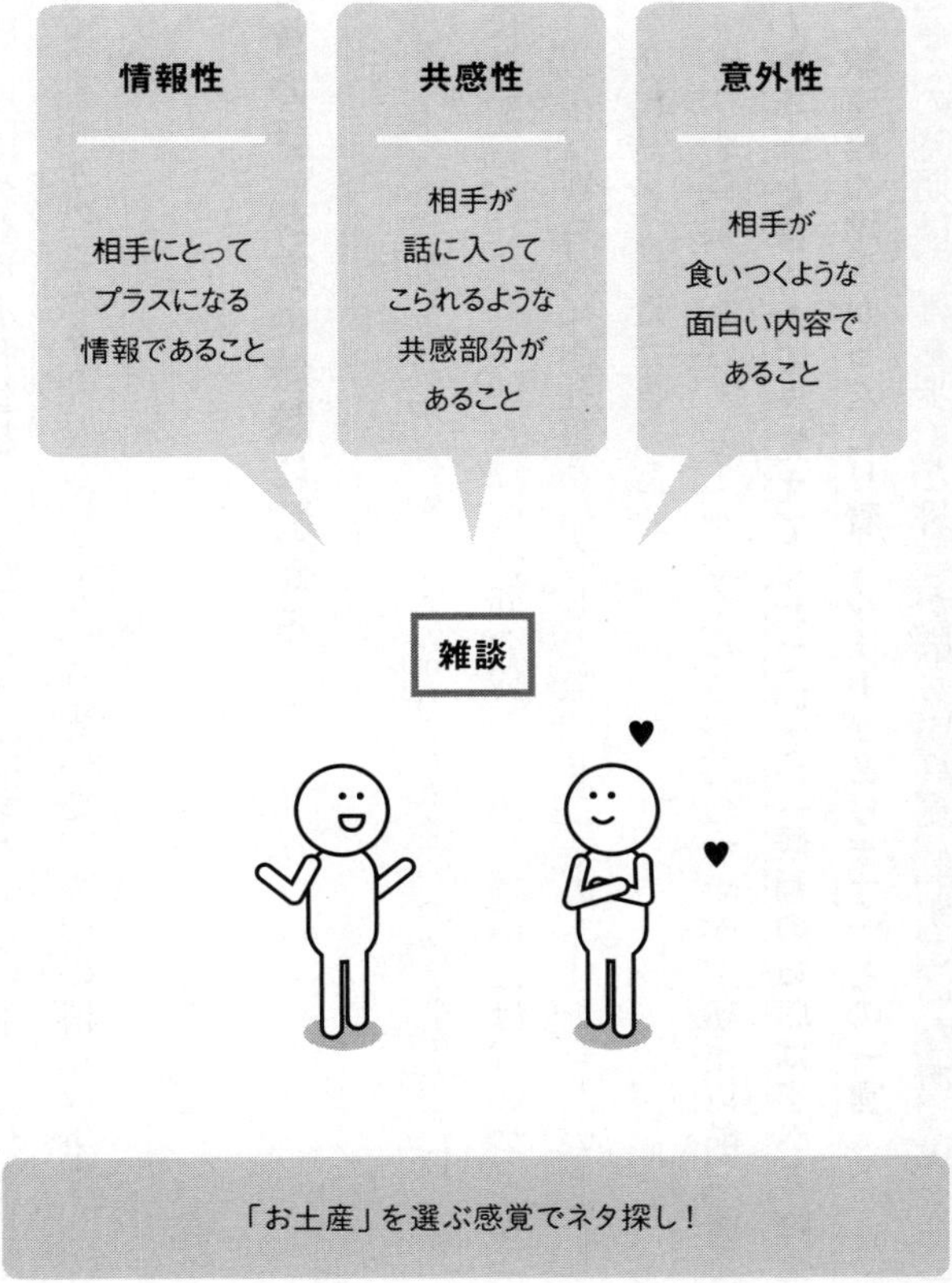
情報性
相手にとって
プラスになる
情報であること
共感性
相手が
話に入って
こられるような
共感部分が
あること
意外性
相手が
食いつくような
面白い内容で
あること
雑談
「お土産」を選ぶ感覚でネタ探し！

今の時代、ブログやサイトなどで、いろいろな情報を気軽に手に入れることができます。「相手のことを知りたい」という思いで、事前の情報収集をしてみましょう。

「あのときの話」が次の雑談に繋がる

また、「何気ない会話を覚えている」というのも気遣いの達人が為《な》す技です。

銀行の役員秘書を長年していた講師仲間のWさんの気遣いには、いつも驚かされます。以前、Wさんにお仕事を紹介した際、ぜひそのお礼をしたいということでランチに誘っていただきました。

Wさんがお店の候補を挙げてメールをくださったのですが、**私が以前「暑さがとっても苦手」と言ったのを覚えてくれていて、「候補のお店はすべて地上に出ずに、駅直結の地下からたどり着くルートがあります」との一言。**

ちょうどその時期は、外を歩くと暑さが厳しい真夏。「すごいなあ、Wさん」

とパソコンに向かって思わずつぶやいてしまいました。

何気ない会話を覚えていてくれる気遣い。覚えておくのは大変そう、と思うかもしれませんが、印象に残ったことを一言でも手帳に書き残すだけでも思い出しやすいと実感できます。

雑談の中に、次に繋がる話の種が隠れていることは多くあります。それを覚えておくことで、毎回の雑談に花が咲いていくのです。

プライベートでも、職場でも、相手との距離を縮めるために雑談は大きな力を発揮します。

距離が縮まると、ちょっとしたことも相談しやすく、また声をかけてもらいやすくなるので、ミスなどを事前に防ぐことにも繋がります。

ぜひ雑談で、コミュニケーションの幅を広げてみましょう。

12

質問は、「私が知りたい」より「あなたを知りたい」

会話が盛り上がる質問の極意

相手に質問することで、会話はどんどん広がっていきます。

質問は「あなたに興味があります」というメッセージになりますので、質問されたほうは、質問してくれた人に対して好感を持ちます。

ただ、質問があまり好感を持たれない場合もあります。それは「あなたを知りたい」という視点ではなく、「私が知りたい」という視点での質問になってしまっている場合です。

たとえば、次のAとBの質問をされたとき、どんな気持ちになるでしょうか。

Ａ

「その靴、どこのブランド？」

「それ日本製？」

「どこで買ったの？」

Ｂ

「靴を選ぶポイントってどんなとこ？」

「いつも靴にこだわりを感じるけど、どんなブランドが好き？」

「ずっと欲しかった靴なんだね。はいてみてどう？」


Aの質問は「クローズドクエスチョン（closed question）」と言われるものでYESかNO、もしくは一言で答えられる質問です。情報を絞り込むのには良いと言われますが、これが続くと聞かれるほうはちょっと尋問されているような気分になります。

それに対し、Bの質問は「オープンクエスチョン（open question）」と言って、感情や経過などを自由に話せるものです。こちらは「あなたを知りたいから聞いている」という視点での質問になります。

Aは、自分が質問したことに対して〝YESか、NOか〟もしくは〝限定した内容〟しか知ることができませんが、Bは、**相手が思っていること、感じていること、大事にしていることなどを幅広く知ることができます**。

質問の入口はクローズドクエスチョンの方が質問された側が楽に答えられるメリットはあります。例に出てきた会話であれば、「それは新しい靴？」などの質問です。まずは相手にとって負担の少ないやりとりからスタートし、どこかにオープンクエスチョンを入れることで、会話がさらに弾んだり、相手の意外な一面を知ることができます。

「ぜひ教えてください！」で心を開いてくれる

フライト中、お客様との会話を弾ませるのがとても上手なＣＡがいました。私はその秘訣《ひけつ》を知りたくて、どんな風に会話をするのか尋ねてみると、「お客様のほうが絶対詳しいことを質問するの」と教えてくれました。

たとえば、

・お客様の住んでいらっしゃる土地の自慢を聞いてみる
・飛行機に乗った目的が登山であれば、登山の醍醐味《だいごみ》を聞く
・お仕事の話をお客様がしてくだされば、苦労話を聞く……など。

このときのポイントは、「よろしければ」とは言わず、あえて「ぜひ教えてください！」と言いきること。

真似をしてみると、ほとんどのお客様が喜んでお話をしてくださいました。

私も今までたくさんの貴重な話を知ることができました。

ぜひオープンクエスチョンを使って、「あなたを知りたい」というメッセージを伝えてみてください。相手のあなたに対する見方が少し変わってきますよ。

13

「聴いていますサイン」は相手にわかるように出す

理解しているか不安になるもの

自分では聴いているつもりなのに「ちょっと、ちゃんと聴いてる？」と家族や友人に言われたことはないでしょうか。

こちらとしては聴いているつもりでも、そう言われたことがある人は、ビジネスシーンでも少なからず同じことをやっている可能性があるので注意が必要です。

相手が自分の話を聴いていないように見えると、話しているほうは腹が立ちます。それは、話を聴くのに値しないと軽く見られたかのように感じるからです。

また、「聴いていますよ」というメッセージがないと、「話を理解してくれただろうか」「伝えたとおりにちゃんとやってくれるだろうか」と相手は不安になるものです。

そうならないために、聴いているということを伝える必要があるのです。

「3つのポイント」を押さえておこう

ポイントは、大きく3つあります。

・顔を見て
・うなずきながら
・相づちを打つ

「話を聴くときは、相手の目をしっかり見て」と言われたことはありませんか？

確かに目をしっかり見ることは「あなたの話に集中しています」というメッセージになります。しかし、ジーッと凝視しすぎると相手も疲れてしまいます。目を見続けるのは5秒くらいに留め、鼻やのどのあたりを見ると、相手も安心して話すことができます。

「うなずき」は、動作で気持ちを伝えます。しかし、これもただすればいいというわけではなく、相手の話の内容によってスピードを変える必要があります。

たとえば、苦情対応をする場面で細かく早くうなずいてしまうと、「ちゃんと聴いてるの？」「バカにしてるの？」と、さらにお客様の怒りに油を注いでしまうことがあります。

相手の思いを受け止める深刻な話には「深く、ゆっくり」うなずくことで、

〝きちんと理解しようと思っています〟という気持ちが伝わります。

「相づち」は、「聴いています」というサインを言葉でしっかり伝えることが大事です。

「はい」「そうなんですか」「ええ」「なるほど」などを合間に挟むことで、相手が話しやすいリズムをつくってあげるのです。

相づちのポイントは、「3回以上連続して同じ言葉を同じトーンで言わない」こと。

それは、機械的に言っているように聞こえてしまうからです。また、声のトーンやスピードをその都度変えることで、会話に自然な流れを出すのがコツです。

会議の席でも同じように「サイン」を出す

一対一では気をつけていても、相手が複数になると、「聴いていますサイン」を出し忘れる人は多くいます。

会議などで誰かが発言しているときに、無表情で怒っているように見える人っていませんか？　話す側は、誰がどんな態度で聴いているのかをはっきり見ています。

無表情な人が目に入ると、「あの人は私の言ったことをおかしいと思っているのかな」と不安がよぎります。

意見に反対だと安易にうなずけない、と考える人もいますが、**基本的に「うなずき」は「聴いています」というサイン**です。賛成、反対にかかわらず、「うなずく」ことで、まずは「聴いている」ことを話している人に伝えましょう。

そうするだけで、会議の場での発言がより円滑に、活発になっていくでしょう。

ＣＡも同じです。乗務前に「ブリーフィング」といって、その便の保安やサービス業務の確認事項の打ち合せを行います。

チーフパーサーが中心になり進行しますが、ＣＡは話をしている人を見てうなずき、相づちを返し、メモをしっかり取りながら参加します。それらの動作がないと真剣に聴いているように見えないため、チーフパーサーはもちろん、まわりが不安になります。安全を守る仕事をする上で、メンバーを不安にさせる態度は御法度《ごはっと》です。

まわりが反応することで、その場に一体感が生まれ、良い雰囲気がつくり出されます。その結果、一番大事な安全性も確保できるのだと思います。

「聴いていますサイン」は、メッセージを受け取っていることを伝えると同時に、相手を大事に思っていることを伝える一つの気遣いです。「無反応」で終わらせないよう、一対一でも、大勢の場合でも気をつけたいものです。

14

「同感」と「共感」を混同しない

「それはひどい奥さんですね」で上司を怒らせる

「同感と共感は違う」

現代カウンセリングの基礎をつくったと言われる心理学者ジェームズ・ランゲの言葉です。

この2つの違いを理解し使い分けると、話を聞くときに、話し手の気持ちに寄り添った反応ができるようになります。

あるとき、A課長は飲み会の席で、自分の奥さんに対しての不満を愚痴っていました。「家に帰ると奥さんがいろいろ文句を言ってくるから、ストレスがたまるんだよ」。そんなことをさんざん部下たちに話していました。

すると、部下のBさんは、「それはひどい奥さんですね〜」とA課長の愚痴に呼応するように返しました。

しかし、A課長は、そのBさんの一言にムッとしたそうです。さんざん自分では奥さんの悪口を言っておきながら、Bさんに言われたとたん、なんだか急にムッときてしまった。きっとA課長は、「他人に身内の悪口は言われたくはない」、こんな気持ちになったのではないでしょうか。

Bさんも、上司の意見に調子を合わせていたはずなのに怒らせてしまうこととなり、さぞ焦《あせ》ったことでしょう。

同感しない。否定しない。共感する

Bさんはどんな言葉を返せばよかったのでしょうか？

Bさんが言った「それはひどい奥さんですね〜」は「同感」です。相手の話に対して、「私も同じように思います」と言うことです。

同感していい場面はもちろんありますが、「身内の悪口に賛同する」ようなこの状況では好ましくありません。また、なんでもかんでも同感ばかりしていると自分の意見がない人と映ることもあります。

では、A課長の愚痴に対して、「でも奥さんも大変なんじゃないですか？」と返したらどうでしょう。これは、A課長が自分の意見を「否定」されたと感じてしまう可能性が高いですね。「なんだ、お前は俺が悪いとでも言うのか！」なんて怒らせてしまいかねません。

同感はしない。否定もしない。ではどうすればいいのでしょう？

そこで出てくるのが「共感」です。

共感とは、肯定も否定もせず「ただ相手の気持ちを受け取ること」。

この場合、「A課長はお家でだいぶストレスを感じていらっしゃるんですね」と返します。

これは、A課長の気持ちをそのまま言葉にしただけです。

A課長は奥さんがひどいという事実よりも、「自分が大変なんだ」「ストレスがたまっているんだ」という気持ちを誰かにわかってほしいから話をしたのです。それに対し、「その気持ちわかりますよ」と伝えるのが共感です。

「相手の気持ち」をそのまま言葉にするだけ

ビジネスシーンでも「共感」を使うと、上手にコミュニケーションを図ることができます。

たとえば、クライアントが「うちの社員、なんだか元気がないんだよね」と言ったとします。同感だと「そうですね。ちょっと元気がないですね」、否定だと「そんなことはないですよ」となります。これらの言葉だと、相手は受けとめてもらったという感覚にはなりづらいのです。

一方、共感であれば「元気がないと感じていらっしゃるのですね」となります。

これであれば、クライアントは自分が感じていることをしっかり受けとめてくれたと思い、信頼して相談してくれるようになるでしょう。

以前私も、共感してもらうことで、癒され、やさしい気持ちになれた経験があります。

それは、近所の和菓子屋さんでお菓子を買ったときのこと。

家に帰って袋を開けると、買ったはずのお菓子が一部入っていませんでした。慌てて電話でお店に問い合わせると、お店のおばあちゃんが、

「本当にごめんなさいね。お家に帰ってとてもがっかりされましたよね」

と言ってくれたのです。

「とてもがっかりされましたよね」という言葉になんだか癒され、怒る気持ちは全くなくなりました。**私は自分の気持ちを言葉で伝えたわけではありませんでしたが、それを読み取って言葉にしてくれたことが嬉しかったのです。**

気持ちに焦点を当て、それを受けとめ、言葉にして返してあげることが「共感する」ということです。共感とは、相手の心に寄り添う大事な気遣いなのです。

間違った「返し」をしていない？

図版
03

「共感」とは、
相手の気持ちをあえて言葉にして伝えること

15 相手に「求める」のも気遣いのひとつ

求められると言いやすい

ある人気講師のセミナーのお手伝いをしたときの話です。

「**三上さん、私のセミナーを見ておかしいと思ったこと、気になったことがあったら、後でぜひ教えてくれないかな？**」と言われました。

講師歴20年以上のベテランの方に、私なんかがコメントしていいのだろうか……。

変な指摘をして機嫌を損ねないだろうか……。

私は、そんなことを心配していました。

セミナー終了後、「本当に小さいことなんですけど、あえて言うならば……」と気になる部分をお伝えしたところ、その講師の方は、こう言ったのです。

「わあ、ありがとう。全然気づかなかったよ、助かるなあ。他にもあったら言って、言って！」と、さらにコメントを求めてくれました。

私は、「お伝えしても大丈夫なんだ！」と思い、安心して気づいたことをいくつかお伝えしました。

講師の方が私にコメントを求めなければ、またこのような反応を返してくれなければ、どんなに気づいたことがあっても、私は絶対に本人に伝えていなかったでしょう。

それは、言った後の相手の反応が怖いからです。

「怒らせてしまうんじゃないか？」

「こいつ、何もわかってないって思われるんじゃないか？」

「見限られるんじゃないか？」

そんな思いがあるからです。

「ぜひアドバイスをお願いします」が成長を促す

裏を返すと、私自身も積極的にまわりにコメントを求めないと、指摘してもらえないことがたくさんあるのではないかとハッとしました。

仕事に慣れてくると、知らないうちに自己流になっていることが多くあります。

指摘をされるのは恥ずかしいし、気持ち的にもしんどいことかもしれません。今までのことが、すべて否定されているかのような気分になってしまうこともあります。

でも、それを避けていたら更なる成長はのぞめません。

ＣＡ時代、人気がある先輩と一緒に仕事をしたときのことです。

私に指導した後、こんなことを言ってくれたのが今でも忘れられません。

「私のことで何か気になることとなかった？　言いにくいかもしれないけど、ぜひ教えてくれる？」

常に磨きをかけて輝いている先輩の秘密を垣間見《かいまみ》たような気がしました。

「ぜひ」と言われると背中を押されるようで不思議と言葉も出てきます。

このように、**勇気を出して、「ぜひアドバイスをお願いします！」と言ってみると、大抵の人は何かしらの助言をしてくれます**。そして、それは自分では気づかないようなこと、言ってもらってよかったなと思うことばかりです。

「指摘する」というのは、よっぽどじゃない限りしてくれないもの。だからこそ、こちらから求めて初めて言ってくれる場合がほとんどです。

でも、この一言が言えるか言えないかで、先の成長の度合いが変わってきます。

私は、新人研修を担当するときには、後輩にこんな風に伝えています。

「みなさん、職場に配属になったら、『小さなことでもいいので、ぜひアドバイスをください』と言ってまわってみましょう。自分からそう伝えることで、素敵なアドバイスをたくさんもらえますよ！」と。

「ぜひアドバイスをお願いします」という一言は、相手にも、自分にも、大いに恩恵のある気遣いの言葉なのです。

16

上司への気遣いの基本は、こまめな報告

報告の有無は、信頼の有無

上司が部下に対してイライラすることの一つに「報告してくれない」ことが挙げられます。ここには２つの意味が含まれています。

・聞かないと報告してくれない
・結果を先に報告してくれない

報告に対してナーバスになる上司の思いは、「期限に間に合わないとまずいのに、大丈夫なのかなあ」「軌道修正が必要であれば、早めに指示を出したいのに」「ギリギリになって手が打てなくなったら、最終責任は自分なんだよなあ」

上司には、部下の状況を把握する役割と責任があるのです。

仕事をしていく上で、報告の有無は、そのまま信頼の有無に繋がります。「上司は忙しそうだし、こんなことまで言わなくてもいいか」と迷う内容でも、ないよりはあったほうが上司も安心です。私は、**報告をしすぎて叱られている人を見たことがありません**。タイミングを見計らい、小さなすきま時間を狙ってでも報告をするのが気遣いです。

「細かさ」よりも「結論」を最優先

とはいえ、忙しい上司が多いのも事実。

どんな内容を、どのような順番で言うかはとても大切です。

たとえば、こんな報告をしている人が意外と多くいます。私がCAの頃に、よくあった事例です。

「チーフ、報告してもよろしいでしょうか。15Aの席のお客様ですが、お子様をひざに乗せた状態で前のテーブルを出していたので、テーブルが斜めに傾いていて、テーブルにのせていたお茶入りの紙コップがあったのですが、お渡ししたときは蓋をしてお子様にお気をつけくださいと言いお渡ししていたのですが、蓋を外したままにしていまして、そのときに急にお子様が脚をバタバタしはじめて……」

このような報告をしていると、「結果から言ってください！　飛行機が着陸してしまいますよ」と言われます。

要は「お客様がお茶をこぼされた」という報告なのですが、最後まで聞かないとどんな状況なのか全くわかりません。**報告を受けているチーフは、スピーディに判断をして指示を出したい**のです。

「報告は細かく言わないと伝わらないのではないか」という、報告する側の思い込みがありますが、忙しい上司にとっては「細かさ」よりも「結論」が優先されます。

相手が安心する「報告の形」とは？

報告の基本は、「相手の知りたいこと（結果）から先に、簡潔に伝える」こと。

この場合なら、

①お客様がお茶をこぼされましたが、やけどはありません

②黒い洋服なのでシミもわかりません。隣の人にもかかっていません

③原因はお子様をひざに乗せた状態でテーブルを出し、お子様が脚をバタバタさせたことです

④サービス時には「お気をつけて」という言葉とともに蓋をしてお渡ししました

つまり、

①結果

②それに伴う影響

③原因

④事前に対処していたこと

このような順番で伝えていくことが妥当です。

上司への気遣いの基本は、こまめな報告。

仕事が終了するまでの間の「経過報告」は、しっかりと行いましょう。

そして、何よりも伝える順番を押さえておくこと。報告は「相手の知りたいこと（結果）から先に、簡潔に」。

これさえできていれば、相手が安心する報告ができるでしょう。

17

「力になろう」と思ってもらえる相談のしかた

「丸投げ」はやってはいけない

ビジネス上の相談は、友人に相談するように気軽になんとなくしてしまうと、「何も考えていない」と無作法に思われてしまうことがあります。

大切なのはまず自分の考えを用意した上で、何のアドバイスがほしいのかを絞って相談すること。

全く考えずに丸投げしたような相談は、ビジネスの場においては不向きです。

「どうしたらいいでしょうか？」

ではなく、

「私はこのように考えています。○○さんはどう思われますか？」

というように相談するのが基本です。

「結果報告」を忘れないで

そして何より相談で大事なのは「相談した後」です。

相談した側は、その後の報告をウッカリ忘れがちです。しかし、相談された側は「あの話どうなったのかな？」と気になっているものです。

相談には「結果報告」がつきもの。結果がわかり次第、伝えるようにしましょう。

このときには、ただ報告するのではなく、言い回しにも気をつけたいものです。

「おかげさまで」

「○○さんに相談にのっていただいたおかげで」

という切り出し方が、相手に好まれる言い方です。

最終的に良い結果が出なかった案件でも、もちろん報告しましょう。

そのときには、

「今回は私の力不足でしたが、○○さんからいただいたアドバイスは貴重でした」

「今回のことは、必ず今後に活かします」

など感謝の気持ちをプラスして伝えるといいでしょう。

相談や報告がしっかりしていると、相手も「何かあったときは、また助けてあげたい」という気持ちになります。一方で、お礼の一言がないために、陰で「がっかりだな」と言われている人も多くいます。

気遣いの積み重ねで、まわりがあなたの強力な味方になり、心強いサポートが受けられるようになるのです。

相談と報告は、相手に対する尊敬と感謝の心の表れです。

それが、ビジネスパーソンとして、相談する相手への気遣いということを忘れないようにしましょう。

18

気持ちよく指示を受けるポイント

部下としてかわいがられる人の共通点

部下としてかわいがられる人の共通点として、「指示を受けるときの態度が良い」というのが挙げられます。

指示を出すたびに面倒くさそうに見えると、上司はその部下と接触すること自体がストレスになるからです。指示を受けた内容を実行するのであれば、気持ちよく指示を受ける、そのように上司に見えることが気遣いとして必要になります。

指示を受ける態度が良いと思われるポイントは３つ。

・「返事」をする
・「メモ」を取る
・「復唱」をする

他にも細かく挙げればいろいろありますが、まずはこの３つができていると好感を持たれます。

「なんだ、そんなこと なら知ってるよ」と思う方も多いかもしれませんね。でも私の経験上、**「知っている」けれど「やっている」人が少ないのがこの３つ。**シンプルだけど差がつくポイントかもしれません。

返事は明るく、復唱を忘れずに

「返事」をするというのは、指示を受けたときの第一声が肝心ということです。相手に届くように、しっかり「はい」と返事をするのが基本です。「返事」は長年の習慣が出やすいもの。悪気なく返事を流している人は意外にも多いので注意しましょう。

どこの会社にも先輩のウケが良い後輩がいますが、共通して言えるのは「返事が爽やかである」ということ。明るい返事はやる気、素直さを感じさせます。

「メモ」を取るというのは大事な行為です。**上司が指示を出すとき、最も不安になるのは、部下が「メモを取っていない姿」**です。

いい加減に聞き流しているように見えるだけでなく、指示を忘れないか不安になるものです。ただ、一から十まですべてをメモする必要はありません。後で見たときにポイントがわかるように要約し、相手を待たせないよう、手早くメモを取っていきましょう。

最後のポイントは、「復唱」をすること。「復唱」は指示を理解したことを伝えるだけでなく、上司の言葉を繰り返すことで無意識に好意を伝える効果もあります。人は、自分に似た人を好む傾向があります。自分と同じ言葉を使う人にもまた同じように好感を抱きます。

たとえば、「コピー30部お願い」という上司の指示に対して「はい」とだけ言うのと、「はい、コピー30部ですね」と復唱するのとでは印象がかなり違います。

このとき、復唱する言葉は同じ言葉を使うことがポイント。「コピー30部お願い」と上司が言ったのに対し、「はい、プリントアウト30部ですね」と何気なく自分の言葉に言い換えると、上司は少し否定されたような気がするものです。

CA時代、お客様に「すいませーん！　飴ちゃんある？」と聞かれたことが

何かをお願いされたときの「3ステップ」

図版 04

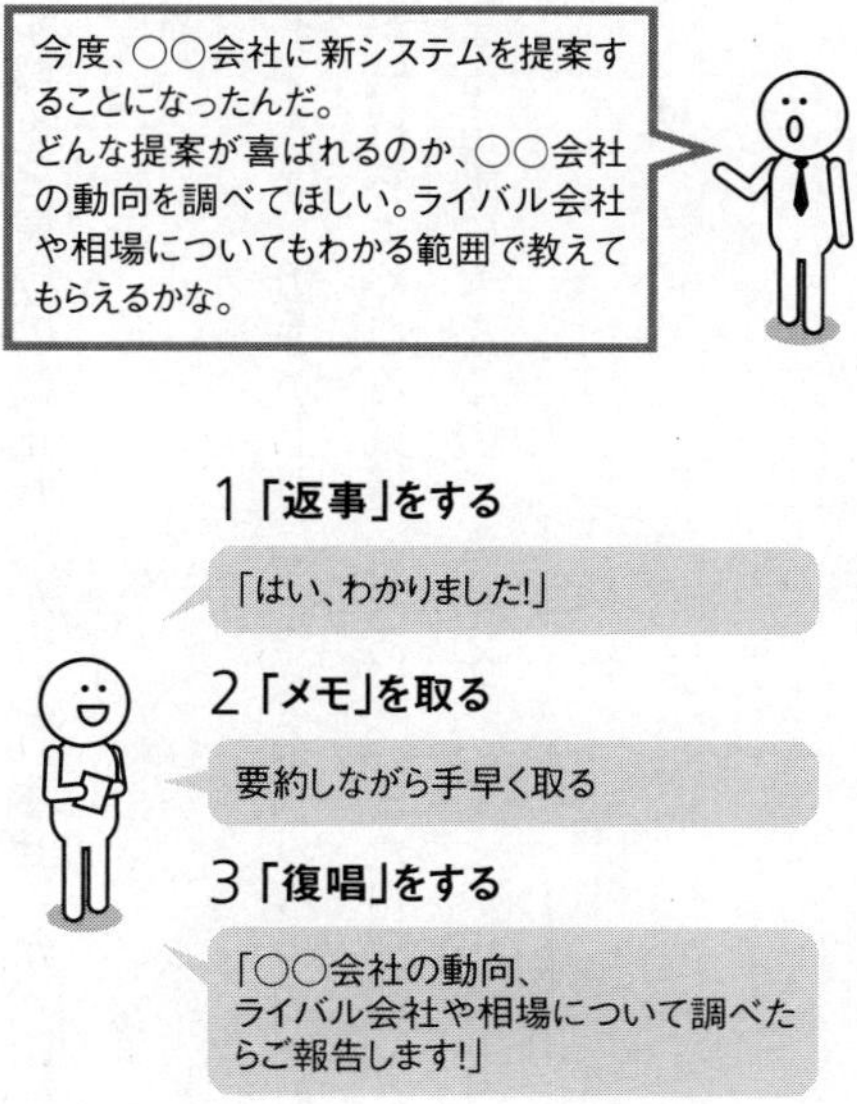
今度、○○会社に新システムを提案することになったんだ。
どんな提案が喜ばれるのか、○○会社の動向を調べてほしい。ライバル会社や相場についてもわかる範囲で教えてもらえるかな。
1「返事」をする
「はい、わかりました!」
2「メモ」を取る
要約しながら手早く取る
3「復唱」をする
「○○会社の動向、ライバル会社や相場について調べたらご報告します!」

「わかりました」の返事だけでは終わらせない!

ありました。「はい、飴ちゃんあります。お持ちいたします」と私が言うと、お客様がニッコリ嬉しそうなお顔をされたのを思い出します。このとき「はい、飴でございますね」と言うのは正しいかもしれませんが、距離を感じさせてしまいますよね。

これら3つのポイントは、相手が上司だけでなく、いろいろな人に当てはまるものです。相手が気持ちよくなる気遣いであり、また自分も「しっかりやろう！」と意識が高まる言動にもなるので、覚えておくといいでしょう。

第3章

相手の印象に強く残る「見た目」「声」の気遣い

19 まわりの人がよく見ているのは、あなたの「素顔」

何気ないとき、どんな顔をしている？

ビジネスにおいても、プライベートにおいても、「表情」はとても大事です。
それは、表情が最も感情を伝える機能を持っているからです。
人と接しているときは、表情を意識している人は結構いるかもしれません。
しかし、**人と接していないときが実は意外に大事**。

無防備な状態をさらしているのを、見られた経験はありませんか？

以前、知り合いに「三上さんを駅で見かけたけれど、とっても疲れた顔だったから声をかけられなかったよ」と言われたことがあります。

私は「声をかけられないほど!? 私どんな顔をしてたんだろう……」と急に恥ずかしくなりました。自分がどんな顔でいたのか想像したくもありませんでした（苦笑）。

以前、「お天気お姉さんの笑顔がウソとバレる時」という動画が、ネットで話題になったことがありました。爽やかな笑顔で人気のお天気キャスターの女性が、もう画面に自分が映っていないと思った瞬間、満面の笑みが急激に不機嫌な顔になったという映像です。急に表情を変えてしまうと、変化した後の表情が「本当の顔」だと思われてしまうものです。

この場合は、不機嫌に見える表情がダメだというより、微笑みと真顔のギャップが大きかったことに、多くの人がびっくりしてしまったのだと思います。

ビジネスの場面であれば、閉じかけのエレベーターでお客様をお見送りするときも、素顔や真顔が出やすいもの。最後まで気を抜かずに、表情に注意したいですね。

人と接していないときほど「表情管理」を

ＣＡとして働いていたとき、お客様にこんなことを言われたことがあります。

「ＣＡの人って、話をするときは感じがいいけど、話し終わると真顔になってサッといなくなる人がたまにいるよね」

私にも思い当たることがありました。

お客様のご要望に「早く応えたい！」と思うあまり、何かあるとすぐに段取りを頭の中で組み立てはじめてしまうのです。その結果、先輩に「真顔になってる！」と注意を受けたことが何度もありました。

人と接していないときこそ「表情管理」が大切。

自分が話していないとき、何かを待っているとき、大勢の中にいるときなどは、「今、私は真顔になりやすいぞ」と自分に活《かつ》を入れ、**軽く口を閉じ、口角を5ミリくらい上げるイメージの「スタンバイスマイル」をキープ**しましょう。

「スタンバイスマイル」とは、「いつでも声をかけていいですよ」というメッセージであり、まわりに対する気遣いでもあります。

黙っているときに怒っているように見えて、「話しかけづらいな」「怖い人だな」と思われてしまうのはもったいないないですよね。

表情は無言のメッセージ。人と接していないときほど、まわりはあなたの表情を読み取って、あなたのことを判断しているということを忘れないでくださいね。

20 「気持ち」は「立ち居振る舞い」に必ず表れる

手を動かしながら、横目で挨拶

態度や立ち居振る舞いには、本音が表れると言われます。

「一度に2つのことをするのは、何かのついでみたいで雑に見えるからやめよう！」

CA時代、先輩にこう叱られたことがあります。それは、新聞を整理しながら、首だけをお客様に向けてご挨拶したときのことでした。

手を動かしながら横目でお客様を見たのでは、「ようこそいらっしゃいませ」

という歓迎の心がこもっているようには到底見えません。

首だけお客様に向けて挨拶したとき、私の頭の中は「しなきゃいけないことがいっぱい」という焦りの気持ちばかりで、心ここにあらずという状態でした。

そんな心の状態がそのまま態度に出てしまい、それを先輩に注意されたのです。

鼻先、心臓、つま先を相手に向ける

税関では、「正対」していない人は怪しいと言われます。

「正対」とは鼻先、心臓、つま先が相手のほうに向いていることを指します。

確かに、顔は正面を見ていても、つま先が真横を向いていては、その場をすぐに離れたいような印象に見えますね。

ビジネスシーンでも、上司に呼ばれたとき、顔だけを向けて返事をしたときと、しっかり全身（少なくとも上半身）を上司のほうに向けて返事をしたときでは、印象がかなり変わってきます。

顔だけの場合、面倒くさそうに見えてしまうものです。そして実際、面倒くさいと感じていることが多いのも事実……。その気持ちが相手に伝わってしまうのは好ましくありません。

「話を聴くときは相手のほうをしっかり向く」。これだけでも徹底して行うと、信頼感や安心感を与えることができます。

話を聴く際の態度でもう一つ挙げると、まっすぐ立っているより、上半身を5度くらい相手に向かって前傾姿勢をとると、一所懸命聴こうとしている気持ちが伝わります。

これは「お伺いの姿勢」と呼ばれていて、耳と心臓を相手に近づけることで「なんでも言ってくださいね」というメッセージを発しているのです。これで、相手も親近感を感じてくれるでしょう。

ほんの一瞬のしぐさで印象は決まる！

見落としがちな「先端」にも気を遣いたいですね。

たとえば、案内や説明をするときに指し示す際の手の指は5本揃えるのが基本。人差し指1本の形は「指示命令の指」ですので使いません。その際の手は、手の甲が「裏」、手のひらが「表」と礼儀作法では考えられていますので、必ず手のひらを上にして指し示していきます。

バスガイドさんの「あちらに見えますのが〜」の手つきと一緒です。

私たちは、頭からつま先までの態度や立ち居振る舞いで、コミュニケーションをしています。

人間ですから、**面倒くさいときも、いやなときもあるでしょう。でも、気をつけないと本音は振る舞いに必ず出ます。**ほんの少しのしぐさで「信頼できない！」と思われるのはもったいないことです。

ひと手間かけた態度や振る舞いは、相手に与える印象を格段に変えるということを覚えておきましょう。

21

見えない相手に「お辞儀」ができますか？

3秒でできる最上級の気遣い

「お辞儀」という一瞬の動作で、「あなたを大事に思っています」「あなたを尊敬しています」「いつもありがとう」を伝えることができます。

もともとお辞儀は、大事な頭を倒し、急所である頭頂部を相手に見せることで、「敵意はありません」という意味を示す行為だったという説があります。

お辞儀といえば先日、訪問販売をしている女性がインターホン越しに一所懸命何かを説明しているのを道端で見かけました。

断られてしまったようで、インターホンを勢いよく切られる音が響いていました。しかし、**その女性はインターホンに向かってゆっくり深々とお辞儀をしたのです**。もちろん、その姿は相手には見えていません。ただその姿に、時間をさいて聞いてくれた相手への感謝の気持ち、それと同時に彼女の仕事への誇りを私は感じました。

その姿があまりに素敵で、「きっといい人なんだろうな」「素敵なものを売っているんじゃないかな」と興味がわいてきたほどです。一瞬のしぐさに心を打たれた瞬間でした。

お辞儀は、言葉以上に心が伝わる「3秒でできる」最上級の気遣いかもしれません。

誰も見ていないところでは、手を抜きがち

CAもお辞儀を大切にしています。機内アナウンスの「ご搭乗ありがとうございます」に合わせて、その場でお辞儀のご挨拶を必ずします。

あるとき、後輩のMちゃんは、カーテンで仕切られた場所で担当の仕事をしていたのですが、そのアナウンスが流れたとき、しゃがんでいたのを立ち上がり、お客様がいるほうを向いてお辞儀をしました。

当時ほとんどのCAは、カーテンの中で仕事をしているときはお客様に見えないので、アナウンスに合わせてのお辞儀などはしていませんでした。それだけに、誰も見ていないところでも深々とお辞儀をしているMちゃんに、私は衝撃を受けました。

もともとMちゃんは、お客様にも仲間にも気がきくことで評判の後輩でした。その陰には、見えないところでも手を抜かないプロの魂、常にお客様に対するおもてなしの気持ちがあるからこそ、自然に体が動くのだろうと私は思いました。

その日の反省会では、このエピソードを共有し、これからはみんなで真似しようという話になりました。

そのお辞儀は、サービスをする立場の私たちの「心の襟」も正すことに繋がりました。

電話の声だけで本音は伝わってしまう

見えないといえば、電話応対なども相手には姿が見えない状態です。

しかし、電話の向こう側でどんな表情で話をしているのか、どんな姿勢なのかは、怖いほど想像できてしまうものです。

あるセミナーで、電話応対のロールプレイを背中合わせで行いました。

お辞儀をしながらお詫びをした場合と、そうでない場合を当ててみようというゲームをやったのですが、驚くことに、ほとんどの人がその違いを聞き分けることができたのです。

道端で、よくビジネスマンがお辞儀をしながら電話をしているのを見かけます。それを見て「見えないのに、なんでお辞儀をするの？」とつっこみをいれる人もいます。

しかし、**見えないからこそ、お辞儀をしなければ本当の気持ちが声に乗って伝わらない**のです。

お辞儀は、一瞬でできる動作でありながら、相手に思いを伝えるための必須動作でもあります。相手に見える、見えないに関わらず、「お辞儀」をプラスしてみることで、あなたの思いが一段と相手に伝わるでしょう。

22 「身だしなみ」と「おしゃれ」を間違わない

「身だしなみ」は相手が判断するもの

マナー研修で、身だしなみの話をするとき、「自分の身だしなみを誰からチェックされても、ＯＫをもらえる自信がありますか？」と受講生に問いかけます。

これまで、何千人に同じことを聞いてきましたが、手を挙げる人は一人もいませんでした。

実は、この問いかけ、手が挙がらないことが大事です。

なぜなら、身だしなみは「相手が判断するもの」だからです。

おしゃれは、自分で○×をつけられます。自分が好きか嫌いかで考えればいいからです。でも、自分では○×がつけられないのが、身だしなみです。

ただ、相手はめったなことがない限り「身だしなみが悪い」とは言ってくれません。

おかしいなと思っていても、口には出さず心の中で思っているだけなのです。

ですから、自分で気に留めて注意するしかないのです。

ある経営者の方がこんな話をしてくれました。

「僕は、初対面の人の身だしなみチェックをついしてしまいます。細部にこだわっている人は、仕事もこだわっている人が多い気がするからです。逆に、こだわらない人はどこか裏で手を抜くんじゃないか、客観的に自分を見ることができないから視野が狭いんじゃないかって、勝手に想像しちゃうんですよね」と。

必ずしも「身だしなみが整っている＝仕事ができる」とは限りません。しかしこの経営者ほどではないにしても、**身だしなみから、その人の人となりを判断している人は結構多い**ものなのです。

注意したい3つのポイント

「見た目で判断してはいけない」という言葉は、裏を返せば見た目で判断する人が多いからこそよく言われる言葉です。

「仕事ぶりを見てください！」と思っていても、身だしなみがきちんとしていなければ、その機会すら与えられない、選ばれない、重要な仕事を任せてもらえない、そんなこともたくさんあります。

ビジネスシーンにおける身だしなみのポイントは3つです。

・清潔感はあるか
・違和感がないか
・機能的であるか

「清潔感」では、特に「先端」に注意しましょう。**爪や靴などの先端に、人は目がいきやすい**のです。つい見逃しがちだからこそ、この部分が整っていると印象が断然よくなります。

また、見た目はもちろんですが「臭いケア」も重要です。最近は、タバコを吸える場所が少ないので、ちょっとしたタバコの臭いに敏感になっている人は多いはず。人に会う前にタバコを吸う場合は、十分注意したほうがいいでしょう。今はさまざまなケア用品が充実しているので、カバンに忍ばせておくと役立ちます。

「違和感がない」というのは、特に初対面のとき、相手にスムーズに受け入れてもらうために、とても重要なキーワードです。

違和感をなくして営業成績を上げた郵便局員がいます。

とある郵便局で働くAさんは、郵便局が扱う金融商品の営業を担当していました。Aさんは、気がきくし、お客様への説明もわかりやすい。しかし、なかなか営業成績を上げることができませんでした。

伸び悩んだ末、「郵便局員として違和感のあるツンツン立てた髪型を変えてみたらどうか」という同僚からの指摘を受け入れ、早速髪型を変えてみたところ、営業成績が3カ月後に1・5倍になったそうです。

髪型は、顔のまわりを覆うため、印象を大きく左右するもの。郵便局員として安心感を与える違和感のない見た目が、大事だったのかもしれません。

「機能的」とは、仕事をする上で支障がない状態のことです。

しゃがむと背中や胸元が見えるような服を着ていないか？

サンダルなど、歩きにくい靴を履いていないか？

座りジワができやすい麻などの素材を選んでいないか？

仕事や職場によって、ふさわしい身だしなみはそれぞれ。その場に合った機能性を持ちあわせているか、ぜひチェックしてみてください。


身だしなみにこだわりがないばかりに、最初から手を抜いている印象に映ってしまうのはもったいないこと。


身だしなみは、相手に安心感、信頼感を与える大きな気遣いです。

ぜひ今一度、3つの視点でチェックしてみてください。

23

シーンによって「色」を使い分けると、印象がアップする

身のまわりの「色」を気にしたことがありますか？

突然ですが、色って全部で何色あると思いますか？

赤、青、黄、緑、紫……ざっと50色、いや少なくとも100色くらいでしょうか。

驚くかもしれませんが、実は、人間が認識できる色は約100万色と言われています。

たとえば、犬はまわりの色がはっきり見えないそうです。その代わりに嗅覚がすぐれているので、そこまで視覚情報に頼る必要がないんですね。

一方、ミツバチには人間には見えない花のまわりにある紫外線の領域に色がついて見え、そこに引き寄せられ蜜を採ることができると言います。

犬にしても、ミツバチにしても、見える色の数には、そういった意味や理由があるのです。

服の色に「熱いメッセージ」を込める

人間が見える色にもまた、それだけの色が見える意味や理由があります。

色に生理的、心理的な作用があることは、さまざまな実験検証の結果から明らかになっています。ビジネス、プライベートどちらのシーンにおいても色の与えるメッセージを考えて選んでいくことは、相手への気遣いに繋がるのです。

１９６０年アメリカの大統領選挙で、ジョン・F・ケネディ氏がイメージコンサルタントを雇った話は有名です。それまではラジオ演説が主流でしたが、爆発的にテレビが普及したのをきっかけに、視覚でもメッセージを訴える戦略を立てました。話し方、立ち居振る舞い、その頃はモノクロテレビでしたがスーツとネクタイのコントラストなども戦略の一つでした。これを機に、視覚で訴えること、色のメッセージを考えて洋服を身につけるという習慣が引き継がれていったのです。

たとえば、「濃紺のジャケット」「赤のネクタイ」「白のシャツ」とお決まりのスタイルで演説するのは、**紺は「誠実」、赤は「情熱」、白は「潔白」**、そんなメッセージが秘められているからかもしれません。

ビジネスシーンでは、男性であればネクタイの色使いなどは大きなポイントの一つです。

苦情対応などの際に、赤のネクタイでは挑発的で反省の色に見えません。刺激の少ない「グレー」や「茶系」が妥当です。

堅い雰囲気の客先であれば、「紺」など「青系」が安心感、誠実感を出します。

初めて訪問する客先であれば、親しみや知的な雰囲気を与える「黄色系」などがいいでしょう。女性が多い場所であれば、思いきって「ピンク系」にしてみるのも一つの手です。

相手目線で選ぶことを忘れないで

でも、ここでお伝えしたいのは、シーン別の色使いのコツというわけではありません。

「相手やシーンを考えて色を選ぶ」ことの大切さを、ぜひ覚えておいてほしいのです。

私が、以前ある企業に提案書を持って伺ったときのことです。私は自分の好きな色を提案書のメインカラーに選びました。それを見た担当の方が「**この色はライバル会社のメインカラーなんですよね……**」と一言。私は大汗をかきました。

自分本位でなく「相手にとってどうなのか」という視点で色を考えなかったために大失敗した例です。

私たちのまわりにあふれる無数の色。ぜひその色の意味を考え、相手へのメッセージとして取り入れてみませんか？　「色の気遣い」がもたらす影響は、自分が思う以上に大きいものです。

知っておくとトクする色の知識

図版
05

	色の意味・メッセージ
赤	決断　活力　情熱　攻撃　挑発的
オレンジ	仲間意識　社交　親しみ　自己顕示欲
黄色	好奇心　楽天的　優柔不断　親しみ　知的
緑	自然体　中立　安定　平凡
青	理性的　冷静　誠実　保守的　安心感
紫	神秘　美意識　感受性豊か　個人主義
ピンク	優しさ　ロマンティック　穏やか　現実逃避
茶色	堅実　落ち着き　孤独　地味
白	崇高　博愛　理想　潔癖
黒	独立心　鋭い感性　高尚　反抗

「メッセージ」を込めて、色を選んでみよう

24

「声の出し方」も気遣いのひとつ

「小さい声」は信頼性に欠ける

講師になって間もない頃の話です。

講演後、私の講義を後ろで見ていた先輩講師に、「ねえ三上さん、やる気あるの？」と言われたことがあります。

私は驚いて「えっ!?」と思わず声をあげてしまいました。

やる気がある私にとっては、突然水をかけられたような衝撃です。

私は「そう見えますか？　どうしてですか？」と聞くと、先輩講師は「なんとなく」とだけ答えました。

私としては精一杯やっているつもりなのに、なぜそんな風に言われるのか、どうすればやる気があるように見えるのか、全くわかりませんでした。

そこで私は、気の置けない友人に相談し、講義を見学してもらうことにしたのです。

講義を見た友人から一言。

「**声が小さいから元気がなく見えるし、軽く話しているようにも聞こえる**」

そう言われるまで、自分の声が小さいとは感じていなかったので、とても驚きました。でも、緊張する場面ではよく聞き返されることがあったのを思い出したのです。

腹式呼吸で声が生まれ変わる!

声の大きさは「元気」だけでなく「自信」も表します。なので、声が小さいというだけで、自信がないように見えたり、不安があるように感じたりするのです。

私は、友人のアドバイスを聞いた後すぐに、声のトレーニングをはじめました。「声の大きさ」であれば今からでも改善できると思い、本などを買いあさり、発声方法を徹底的に学びました。

一番の基本は、腹式呼吸を身につけること。**胸から大きな声を出そうとすると無理している感じが伝わり、聞き手も苦しくなってしまうので、お腹から声を出すようにする**のがいいのです。これで、長い時間話をしていても、のどを痛めにくくなりました。声の質さえも変わってきたように思います。

トレーニングをして3週間ほどで結果が実感できました。「やる気あるの?」と言われた先輩講師にも再度チェックしてもらったところ、「だいぶ気合い入ってきたんじゃない」と言われたのです。

話している内容が同じでも、声の質が変わるだけで、全く違って聞こえるのです。

堂々とした声は「自信」に繋がっていく

「口先だけ」とか「腹の底から」などの言葉があるように、お腹から出す声は、相手に届く「響き」が全く違います。

声の振動が伝わると、相手の胸に話の内容が迫っていくようにも感じます。逆に声の振動が届かないと、心からそう思っているようには聞こえず、信用性がなく見えるのです。

私も、それまでは話の内容ばかりを一所懸命に考えていましたが、どのように話すべきかをしっかり考えるようになりました。

たとえば、声の大きさを意識することで、聞いている相手を疲れさせないようにする。声の高さを場面に合わせて変えることで、気持ちを伝える。「声」には多くの可能性が詰まっているのです。

以前、ある金融機関の支店長さんが「**電話の声が小さい人はトラブルを発生させる確率が非常に高い**」ということをおっしゃっていました。

そもそも自信がないと、まわりに話の内容を聞かれたくないという思いから自然と声が小さくなります。話の内容が聞こえないので、まわりもアドバイスができない。気づいたときには、ドツボにはまっていることが多いそうです。

自信がないから声が小さくなるというのもありますが、声を変えることで自信がつく、という逆の連鎖もあると思います。

これは、「態度や振る舞いが心に影響を及ぼしている」という考え方です。

「行動感情理論」を提唱している、アメリカのウィリアム・ジェームズとデンマークのカール・ランゲという2人の心理学者いわく、人間は「悲しいから泣くのではない。泣くから悲しいのだ」そうです。

つまり、態度や振る舞いが、その人の心に作用するということなんですね。

まずは、「自分の声」を見直すことで、あなたの印象を変えてみませんか？

すると、自分に自信がつくだけでなく、あなたの思いや主張が断然伝わるようになりますよ。

第4章

絶妙なさじ加減で、気遣いができるようになる方法

25 自分も相手もストレスにならない気遣いをしよう

気を遣いすぎていませんか？

気を遣うと疲れる。

気を遣うとストレスがたまる。

こんな風に感じている人はとても多いのではないかと思います。気遣いをすると疲れたり、ストレスがたまると感じるのは、何が原因なのでしょうか？

それは、なんでもかんでも相手に合わせようとするからです。

「相手に合わせるのが気遣いじゃないの？」

「自分の意見を主張すると相手は気を悪くしちゃうんじゃないの？」

「言いたいことがあっても我慢するのが気遣いでしょ」

　気遣いが疲れると感じているあなたは、もしかしたらこんな風に考えているかもしれません。


　もちろん、相手の心情や状況に配慮して振る舞うことは、気遣いの大切な要素です。でも、あまりにそれが行き過ぎると、不自然なコミュニケーションになってしまいます。**「相手がどう思うか？」「相手にどう思われるか？」を考えすぎてしまうと、普段の会話ややり取りでさえも億劫になってしまう**のです。

　さらに悪いことに、行きすぎた気遣いは相手も感じ取ります。すると、かえって相手に気を遣わせてしまうことにもなりかねません。これではお互いが疲れてしまいますね。

「私」を主語にして伝えればいい

相手のことを思いやりながらも、自分の意見をストレスなく言えるようにするにはどうしたらよいのでしょうか？

それは、「自分（私）」を主語にして話をすることです。**〝私はこう思っている〟という視点でメッセージを伝える**のです。これは、「Ｉ《アイ》メッセージ」とも言われます。

それに対して、〝あなたは○○だ〟と伝えるのは「ＹＯＵ《ユー》メッセージ」と言われます。

たとえば、「待ち合わせにいつも遅れる」という内容を相手に伝える場合、ＹＯＵメッセージだと「あなた、いつも遅れてくるよね。どうして連絡できないの？」となります。

でもＩメッセージで伝えると「私、心配したよ。今度から連絡をもらえると安心できるな」となります。

口調の違いがあるかもしれませんが、同じことを言っていてもだいぶイメージが変わります。

YOUメッセージは反発を生みやすい

YOUメッセージは、ときに「あなたはこういう人」と決めつけているように聞こえます。相手の領域に踏み込むので、言われた相手は「責められた」という気持ちが強くなります。すると、素直に話を受け入れることが難しくなるのです。

それに対してIメッセージは、自分自身の気持ちや要望を伝えているので、言われた相手は否定しづらく、受け入れざるをえない心理がはたらきます。

私もCA時代、後輩を指導する際に、YOUメッセージを使って失敗したことがありました。

笑顔が足りないAさんに「Aさん、笑ってないですよ」と伝えたところ、「これでも笑ってるつもりです！」と反発が返ってきたのです。

もしこのときにIメッセージで伝えていたら、「私からみると元気なく見えるかな。広角を少し上げてみるといいよ」という感じになっていたでしょう。このような言い方をしていたら、Aさんはそこまで反発しなかったかもしれません。

相手が踏み込まれたくないところには入らず、でもしっかりと自分の思いを伝える。

Iメッセージのおかげで、私は疲れやストレスを感じることが少なくなり、自然体で相手に気遣いができるようになりました。また、**自分が自然体でいられるので、相手に気を遣わせるようなことも少なくなった**ように感じます。

気遣いができ、自分らしくいられるなら、まわりも一緒にいて心地よいです

「気遣い」をストレスにしないために

図版
06

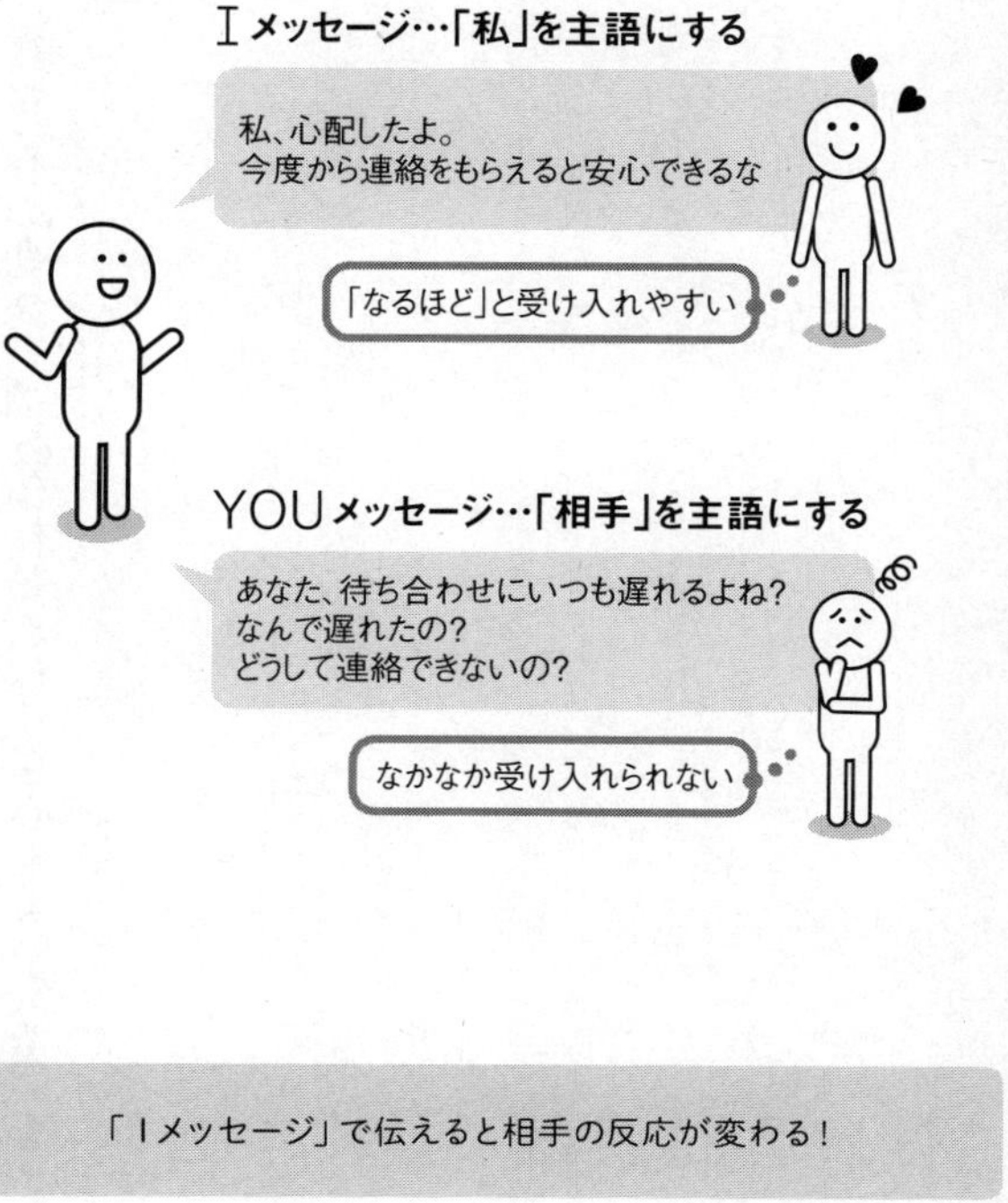
Iメッセージ…「私」を主語にする
私、心配したよ。
今度から連絡をもらえると安心できるな
「なるほど」と受け入れやすい
YOUメッセージ…「相手」を主語にする
あなた、待ち合わせにいつも遅れるよね?
なんで遅れたの?
どうして連絡できないの?
なかなか受け入れられない
「Iメッセージ」で伝えると相手の反応が変わる!

よね。

ぜひ、Ｉメッセージを上手に使って、あなたもまわりも心地よい気遣いをしてみてください。

26

自分の気持ちを「正直に話す」のもひとつの気遣い

何も言わないほうが無難？

気遣いがうまくできない人というのは、もしかしたら知らない間に心にブロックがかかっていて、したくても怖くてできない状態になっているのかもしれません。

気遣いの一言をかけようと思ってもなかなかできないとき、私たちは心の中で「声をかけないことに対する言い訳」をいろいろ考えています。

「余計なことかもしれないし……」

「断られたらショックだし……」
「私が何か言ったところで大して影響ないだろうし……」
自分の中で言い訳することに慣れきってしまうと、その癖から抜け出すことはなかなか大変です。

「余計なことかもしれないけれど」の一言でうまくいく!

そこから抜け出す第一歩は、そう言い訳をしている自分に気づくことです。そして、その**言い訳を思いきって「相手に伝える」ことで不安が解消されます**。「相手に伝えていいの?」と思うかもしれませんが、一言伝えるだけで思いやりのある気遣いができるようになります。

たとえば、
「余計なことかと最初は躊躇しましたが……」

「断ってくださっても構わないのですが……」

「お役に立たないかもしれませんが……」

このように、先回りして言ってしまうのです。

CAは、「何かをしてあげたい！」という思いを持っている人が多く集まっていますが、お客様に対してだけでなく、仲間に対してもそのメッセージを発する人がたくさんいました。

ときには「声をかけていいのかな？」と躊躇するような場面もあります。

たとえば、ちょっと様子がおかしい後輩がいたとします。心配で声をかけてあげたいけれど、もしかしたら何か触れられたくないことがあったのかもしれない。

そんなとき、「**おせっかいかもしれないけど**、最近ちょっと元気がないように見えるよ。何かあった？」と声をかけると、相手への配慮が伝わります。

本音を隠さないことが真の思いやり

先回りして自分の気持ちをさらけ出すことは、お願いごとをするときにも効果を発揮します。

取引先にYさんという方がいました。Yさんの第一印象はいかにもバリバリ仕事ができるイメージ。話すテンポも速く、説明のしかたもうまく、私は若干気後《きおく》れしそうになっていました。

しかし、あるメールをもらってからイメージが変わったのです。

「お忙しいときにこのようなお仕事をお願いするのは気が引けたのですが、勇気を振り絞って今回お願いしました!」と書かれていたのです。

「気が引けたのですが」「勇気を振り絞って」というフレーズに、Yさんの本音が隠れているようで、心の距離がグッと縮まったような気がしました。もちろん、喜んで気持ちよくその仕事をお引き受けしました。

気遣いの一言がうまく言えないときは、いったん自分の心を見つめてあげて、心にかかっているブロックを確認してみてください。そして言い訳をしている自分に気づき、少しだけ勇気を出して、ブロックの中に隠れている思いを包み隠さず相手に言ってしまうことです。

心の中に不安が生まれるという状態は、「相手に対して何かをしてあげたい」と思う以上に、「自分が相手にどう思われてしまうのか？」ということにとらわれてしまっているときです。その心のブロックをはずしてあげると、スーッと楽になりますよ。

ブロックがあることは、決して悪いことではありません。相手のことを思うからこそのことです。

きっと言われた相手も「自分のことを配慮してくれているんだな」と感じ、安心して受け入れてくれるはずです。

27 相手を傷つけずに「言いにくいこと」を伝えるコツ

「話す順番」が何より大切

誰かに指導したり、注意したりすることは、ちょっと勇気がいることかもしれません。自分も完璧ではないし……と思いはじめると躊躇してしまいます。

しかし、これまでお世話になった信頼できる人の顔を思い出すと、きちんと叱ってくれたり、熱心に教えてくれた人ばかりが浮かんできます。伝え方にも愛があって、さりげない気遣いを感じるものでした。

どんな伝え方をしていたのかを振り返ってみると、そこには共通点があることに気づきます。

・いきなり注意から入らず明るく声をかけてくれる……「三上さんお疲れさま！」
・「できているところ」を褒めてくれる……「機内販売の説明が上達したね」
・認めた上で「改善点」を伝えてくれる……「商品をお見せするとき、もう少しお客様の目の高さにくるよう、しゃがんで説明するほうがいいかな。せっかく良い説明をしてるからもったいない」
・最後に励ましてくれる……「あと1便だね。最後まで頑張ろう！」

これをまとめてみると、次のような流れになっています。

①挨拶

②褒め（ねぎらい）
③本題
④励まし

特に、③本題を言うときには、〝もったいない〟という言葉がキーワードになります。相手をけなす言葉にならないので、言われているほうは受け取りやすくなります。

指導しなければならない場面では、当然厳しいことも言わなければなりません。でも厳しいことを厳しく言ってばかりいると、言われたほうは自信を失い、かえって成長意欲をそいでしまうことがあります。また、自分が大事にされていないと思ってしまい、その職場での居心地が悪いと感じてしまうこともあるのです。

会話の最初と最後の言葉は、印象に残りやすい

　このステップは仲間内の指導だけでなく、お客様にご協力いただくときにも役に立ちます。

　たとえば、機内で走り回っているお子様がいたとします。そのまま放っておくと、怪我《けが》をしてしまうかもしれません。他のお客様のご迷惑になってしまうことも考えられます。でも、頭ごなしに注意しても子どもは簡単に聞くものではありません。そこで、このステップの出番です。

「①こんにちは！　②元気だね～。③ごめんね、急に揺れて怪我をするといけないから座りましょう。④あともうちょっとで着くからね、座って窓の外を見てみない？」

　ビジネスでお願いするときにも使えます。

「①お疲れさまです。②いつも正確な精算書をありがとうございます。③処理の関係上、月末までに提出いただけると大変助かります。④お忙しい中、恐れいりますがよろしくお願いします」

何かを注意するときやお願いするとき、命令口調で言われたら、素直に話を聞こうとは到底思えません。だからこそ少しの気遣いを交えることで、相手の不快感や反発心をまねくことなく、伝えるべきことをしっかり伝えることができるのです。

特に、最初と最後の言葉は印象に残りやすいもの。**注意やお願いを「ねぎらい」や「励まし」の気持ちでサンドイッチ**する気遣いは、相手の心を開いて内容を受け入れやすくしてくれるでしょう。

28

気のきく褒め方なら「おせじ」にならない

褒めるのではなく、事実を伝えるだけ

照れくささはあれど、誰でも褒められるのは単純に嬉しいもの。

しかし、いざ誰かを褒めようとすると、わざとらしく聞こえないか、おべっかみたいに思われるんじゃないかと、褒めることを躊躇してしまうことがあります。

以前、「女性が髪型を変えたのには気づくけれど、それを口に出すのはなん

だかセクハラみたいに取られないかと、いろいろ考えちゃうんですよね……」

と、心配している男性がいました。

しかし、相当イメージチェンジをしたのに全くスルーされてしまうと、当人は寂しい気持ちになるものです。

「似合う」や「素敵だね」などまずは褒めるという評価はせずに、事実だけを**伝えることからはじめてみましょう。**

たとえば、

「だいぶ短くされたんですね～」

「イメージがかなり変わりますね～」

これなら言うほうも気が楽ですよね。

言われたほうも、気づいてくれたことに対して悪い気はしませんから、相手のやさしい気遣いが伝わってきます。

そして、言った後の相手の反応を見て、話を繋げてくるようであれば「とても似合ってますね」と伝えれば、自然な流れで褒めることができます。

また、「どうしてそう思うのか」という理由を伝えるのも一つの方法です。「いつも素敵ですね」だけだと、「どこでそう思ったのかな?」と気になるものです。

そのような場合は、「ネクタイとシャツの色の組み合わせが上品ですね」「小物にこだわっていらして素敵ですね」などと具体的に伝えることで、相手もおべっかには感じません。

目上の人には、「教えてください」のニュアンスで

相手が上司や目上の人の場合、良かれと思って褒めてみても、どこか上からものを言っているように聞こえてしまうことがあります。

そのようなときは、

「お話がとてもわかりやすいのですが、何かコツがあるのでしょうか」

「資料がいつもわかりやすくて勉強になります」

など、**「教えてください」というメッセージを込めると、印象よく伝えることができます**。

「どうしたら○○さんみたいになれるのでしょうか」

「○○さんがいらっしゃると明るい雰囲気になります」

「先ほどのお話、とても引き込まれました」

「たくさん大変なご経験もされたのでしょうか」

このような言い方も、一つの褒め言葉です。


ただし、目上の人やお客様に経験談を聞かせてもらったとき、「参考になります」はNGです。参考は上から評価する言葉です。「参考程度か」と軽く受け取られたと感じる人もいるので注意しましょう。

部下には、「感謝の言葉」を必ず添えて

一方、上司が部下を褒める際、特にまだ経験が浅い部下の場合は、褒めるところがない……などと感じる人も多くいるかもしれません。

そんなときは、「できている事実」に注目して、口に出してあげるだけで「見ていてくれている」と部下のモチベーションは上がります。

たとえば、

「いつも納期を守ってくれるよね」
「机の上が整頓されているね」
「会議でのあの発言よかったよ」

などの一言は部下を勇気づけます。

事実を伝えるだけならば、変に無理して褒めているようには聞こえません。

ただ、「いつも納期を守ってすごいよね」というように、「すごい」という「評価する言葉」が加わると、「大してすごいことではないのに褒めるなんて、よっぽど他に褒めるところがないんだな」と斜に構える人もいます。

その人のとびぬけて優れていることを探さなくて大丈夫。**事実を口に出したり、また「いつも助かるよ」と感謝の気持ちを伝えるだけでも褒めているのと同じ効果はある**のです。

CAを退職した後、当時の後輩だったHちゃんにこんなことを言われました。

「私が新人の頃、三上さんに〝Hちゃんはいつも一所懸命で、見てると元気が出るよ〟と言われたのが私すごく嬉しかったんです。もう5年も前の話ですけど、その言葉に今でも励まされます」

正直、私は言ったことを忘れていましたが、ちょっとした言葉がその人に大きな影響を与えるんだなと、そのとき感じました。

「うまく褒めなければいけない」というプレッシャーで、伝えることそのものを躊躇してしまうのはもったいない。

「褒め」は、「事実」や「感謝」の言葉が基本です。いいなと思ったことを伝えることが、「あなたを気にかけています」というメッセージになり、相手を喜ばせることに繋がっていくのです。

29

「相手のタイプ」に合わせた気遣いのポイント

4つのタイプを知っておくと便利

同じことをしていても「ありがとう」と言われることもあれば、「それはやらなくていいから」と言われることもあります。人によって反応が違うことに、戸惑うこともありますよね。しかし、第1章でも紹介しましたが、やってみないとその人に関する情報は得られないのも確かです。

人にはさまざまなタイプがありますが、そのタイプによって気遣いのポイントを変えてみると、やり取りがスムーズになる場合があります。

アメリカの産業心理学「ソーシャルスタイル理論」が元となっている4つのタイプの特徴やコミュニケーションのポイントを知っておくことで、相手とのやり取りもうまく進みます。

・リーダータイプ
・お笑い芸人タイプ
・お母さんタイプ
・学者タイプ

・リーダータイプ

情熱的、行動的、せっかち、断定的、といった特徴があります。パワフルなタイプですから圧倒されることもあります。

このタイプの方には、声は大きめに、語尾まではっきりと話す、結論から伝える、堂々とアイコンタクトを取りながらコミュニケーションを取る、などの話し方が好まれます。また、指示や頼まれごとに対しては変な言い訳をせず、ストレートに答えることが大事です。懐《ふところ》に入ってしまえばかわいがってもらえることも多くあります。

・お笑い芸人タイプ

話し好き、イベントが好き、おおざっぱ、テンポが速い、といった特徴があります。

褒められるのが大好きで、ノリを合わせて「さすが！　すごいですね〜！」と盛り上げられるのを好みます。

恥をかくことを非常に嫌がるので、間違いを指摘するときなどはみんなの前でするのはNG。また、感性を大事にしているので、一から十まで細かいことを要求されるのも苦手です。指示や説明をする場合は、要点をテンポよく伝えていくことが大事です。

・お母さんタイプ

やさしい雰囲気、縁の下の力持ち、目立つのが好きではない、緊張しやすい、といった特徴があります。

見えないところでサポートしてくれることが多いので、そこに気づいてねぎらい、「○○さんのおかげです」など感謝の言葉を伝えるといいでしょう。また、ギリギリまで我慢するタイプなので「困っていませんか？」「これは私がやります」と、まめに声をかけることで、より良い人間関係を築くことができます。

・学者タイプ

物知り、論理的な話し方、表情に変化が少ない、前置きが長い、といった特徴があります。人の話を聞きながらも、頭の中でグルグルといろいろなことを考えています。

ですから表情が硬く、一見不機嫌そうで、反応がわかりづらいことがあります。怒っているわけではなく頭の中で理解しようと整理をしているので、本人が何か言い出すまで待つことが必要です。また、論理的に納得し腹落ちしないとなかなか行動に移れないところがあるので、説得するときは根拠をしっかり示すことが大事です。

みなさん、いかがでしょうか？

周囲の人たちは、どのタイプに近いですか？

もちろん人はさまざま。４つのタイプに必ずぴったり当てはまるというわけではありません。タイプが半々ずつ混在していることもあります。ただ、なんだかうまくかみ合わないなと感じたとき、コミュニケーションの取り方の切り口を、この４タイプを意識して変えてみると、すんなり進むようになることがあります。

タイプ別に見る「気遣い」のポイントとは？

図版07

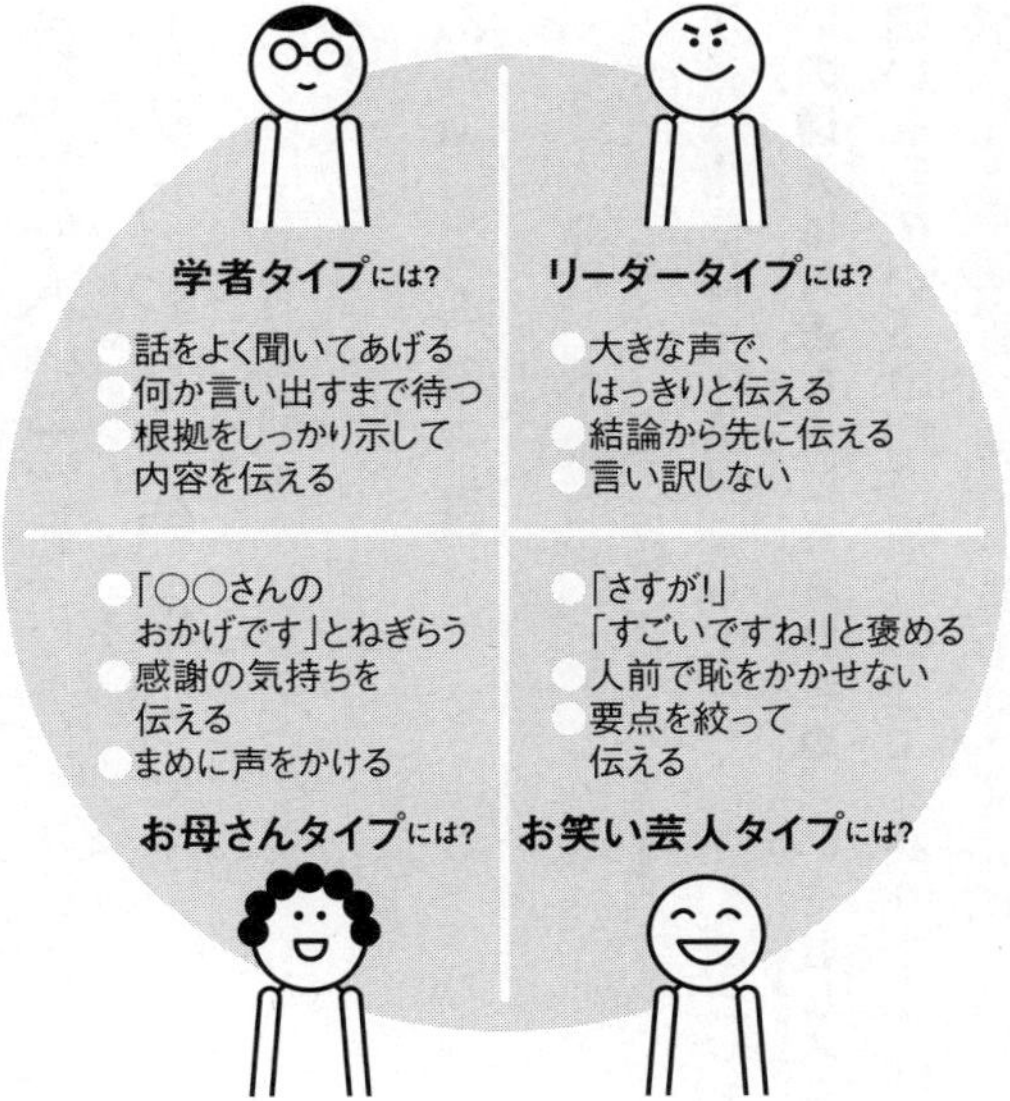
学者タイプには?
話をよく聞いてあげる
何か言い出すまで待つ
根拠をしっかり示して内容を伝える
リーダータイプには?
大きな声で、はっきりと伝える
結論から先に伝える
言い訳しない
「○○さんのおかげです」とねぎらう
感謝の気持ちを伝える
まめに声をかける
お母さんタイプには?
「さすが!」「すごいですね!」と褒める
人前で恥をかかせない
要点を絞って伝える
お笑い芸人タイプには?

これで、人間関係がさらにうまくいく！

30 身近な人にこそ、ためらわずに気遣いを

忘れがちな「ありがとう」の一言

身近な人に対しては、「私のことわかってくれているから……」と何気ない言葉を省略したり、お礼やお詫びが少なくなってしまうことがよくあります。

しかし、**気遣いの達人は身近な人にも変わらぬ、いやむしろ身近な人だからこそきちんと気遣いをしている**と感じることがよくあります。

たとえば、プレゼントを贈ったとき、「届いたよ！　ありがとう」と写真を

送ってくれる友人がいます。お花を宅配便などでプレゼントする場合は、贈る側もどんなお花になるのか確認することができないので、「大丈夫だったかな」と気になることがよくあります。この友人は、お花以外のものでも写真をメールで一緒に送ってくれます。その心遣いは、何度されても嬉しいものです。

また、たとえば、相談ごと、悩みごとなどを話されたとき、話したほうの頭の中はそのことでいっぱいになっているのか、お礼を満足に言われないことがよくあります。しかし、気遣い上手の人は、どんな小さな相談ごとに対しても「聞いてくれてありがとう」の一言を必ず言ってくれます。

特に、親しい間柄だったりすると、お礼の一言はついつい忘れてしまうものの。聞いた側もお互いさまだし、別にお礼は求めていないのですが、ただ一言もらえるだけで役に立てた感じがしてちょっとホッとできるのです。

感謝の言葉が増えると、一緒にいる時間も増える

特に、身近すぎておろそかになるのが、家族に対しての「ありがとう」の一言です。

私の知り合いに、結婚して20年経ってもとても仲の良いご夫婦がいます。2人に会うと、お互いに「ありがとう」と声をかけあう回数の多さに驚きます。

私が「今もラブラブですね！」と言うと、旦那さまが、「実は、最初は全然〝ありがとう〟なんて言ってなかったんだ。でも、尊敬する上司に〝奥さんがいて仕事ができるんだから、ありがとうは惜しみなく伝えなさい〟とアドバイスをされて。〝ありがとう〟の数が増えると、一緒に行動する回数も増え、どんどん仲が良くなってきたんだ」と話をしてくれました。

気がついたら「ありがとう」が習慣になって、さらに良い関係を築くことが

できていた。たった一言が、すごいパワーを持っているということを実感しました。

身近な人にこそ「ありがとう」を伝える。

それをはじめることも続けることも、言葉で書くと簡単なように感じますが、実際は難しいものです。ちょっと恥ずかしかったり、今更と思ってしまったり、忙しい日々の生活に流されがちではありませんか？

「身近な人だから言わなくたってわかる」と人は思いがち。

しかし、**気持ちがあっても、それを形にして届けなければ〝ない〟ことと同じ**です。身近な大切な人にこそ、ためらわずに気遣いを形にして伝えること。

大切な相手にあなたの心は届いていますか？

コラム　気遣いは時間もお金もかからない

高知空港にある日本料理屋さん。そこで働く店員さんの対応が素晴らしく、感動を呼んだという話があります。

ある日、男性が一人で来店しました。その男性は一人で来ているにもかかわらず「カマスの姿寿司、瓶ビール。グラスは２つ持ってきてください」と注文したそうです。注文を受けたのは若い店員さん。彼女は気になってその男性の様子をしばらくうかがっていました。すると、男性が１枚の写真を取り出しました。そこにはおそらく奥さんだろうと思われる人が写っていたそうです。四国は亡くなった方の供養で巡礼に来る人が多い場所。若い店員さんは、その気持ちを汲《く》み取り、何も言わずそっと奥さんの写真の前に小皿とお箸を置きました。男性はそのままお店を後にしましたが、その後でお礼の手紙が届きました。さらに、男性が新聞社にそれを投稿したことで、この話は瞬く間に広まりました。

店員さんがしたことは小皿とお箸を置いただけ。手間も時間もお金もかかっていない、ちょっとした気遣いです。人が感動するのは、大袈裟なことではなく、ほんの些細な一言や行動だったりするのかもしれません。

第5章

一歩先の気遣いで「誰からも好かれる人」になる

31

「お菓子配り」とは「心配り」をすること

お菓子に隠された「本当のメッセージ」

ＣＡ時代、「一緒にフライトする機長はどんな人か？」という情報をＣＡ同士で交換し合うことがありました。

フライトでは、毎便機長が変わるなんてことも珍しくありません。その場で初めて会って、「安全・定時・快適運行」というチームとしての目的を果たすためには、ある程度事前に情報があったほうが心構えもできるのです。

そんな中、ＣＡに人気の「いい機長」の特徴の一つに面白いものがありました。それは、「お菓子をみんなに配ってくれる」というものです。

「なんだ、結局モノにつられるのね」「子どもじゃあるまいし」なんて声が聞こえてきそうな気がしますが……。

でも、私たちＣＡは、ただ「お菓子をもらえる」から「いい機長」と言っていたわけではないのです。私たちは、**お菓子の裏側にある「メッセージ」にその機長の人となり、人間性を見ていた**のです。

ＣＡが機長を身近に感じる瞬間

機長という激務。プレッシャーを感じるフライト。そんな中でわざわざお菓子を買ってきて、一人ひとりに「この便一緒に頑張ろうね」と言って渡してくれる心配りに、私たちは「いい機長」だと言っていたのです。

ある機長は、お菓子を一人ひとりに手渡ししてくれました。ＣＡの中にはフライトの間、機長と一度も接触しないなんてことも多くあります。

でも、お菓子を手渡しされると、フライト中はコックピットの中で姿が見えない機長を、とても身近に感じることができました。

何かちょっとでも乗務中に気になる異変があったときに「言いやすい」環境を、機長自らつくってくれることは、ＣＡにとって非常にありがたいことでした。

手渡しでしか伝わらない「心」がある

オフィス勤めをしていたとき、気遣い上手の同僚が、お土産のお菓子をみんなに直接手渡ししていることに気づきました。

お土産のお菓子って、よく机の上にポンと置かれていることが多いですよね。置かれているのに気づいても、忙しくて誰がくれたのか確認するのを忘れ、つい本人にお礼を言い忘れるなんてこともよくあります。

しかし、直接手渡しされると、必ずその場でお礼ができます。

普段仕事以外で話しかけるきっかけがあまりない人でも、そこから雑談がはじまり、コミュニケーションが生まれることも。**自然な形で関係を温めるのに「お菓子を直接手渡しする」という行為が一役かってくれている**のです。

ただし、何かを渡す場合は、相手にとって負担にならないような気遣いがとても大事です。

「有休で旅行に行きフォローしてくださったので」
「無理なお願いをしたので」
「○○をお借りしたので」

など、「～ので」という理由があると人は受け取りやすくなります。

また、金額もお礼を気にしない程度のものがいいでしょう。

何かを渡すという行為の目的は「物」を通じて気持ちを伝えたり、距離を縮めること。それがかえって負担になってしまったら本末転倒ですよね。職場でしたら、お菓子くらいがちょうどいいのかもしれません。たかがお菓子、されどお菓子。

あなたも、ぜひお菓子を通じて、「心」を配ってみてはいかがでしょうか。

32

小さなお願い、些細な約束ほどちゃんと守る

「今度ご一緒に」を社交辞令にしない

誰しも、大きなお願い、重要な約束はしっかり守る傾向がありますが、小さなお願いや些細な約束はそのときの雰囲気やノリのようになってしまって、そのまま忘れてしまうことが少なくありません。

たとえば、「今度、ご飯にでも一緒に行きましょう！」というのはよく交わされる常套句《じょうとうく》。そのときは社交辞令のつもりはなく、本当にお誘いしたいとい

う気持ちで悪気なく言ってしまうものです。相手に気遣ったつもりの小さな約束です。

でも、なんとなく気になりつつも、そのまま果たされないことがよくあります。

言われたほうは少し期待しながらも、「まあそんなもんだよな……」と相手のいい加減さにがっかりして終わるものです。

しかし、**私がこれまでに出会った「気遣いができる人」は、日程調整の連絡を3日以内にくれるのです。そして本当に一緒に食事をしたいと思う人以外には「今度○○に行きましょう！」とは気軽に言わない**のです。

たとえ、小さな約束であっても守れなければ信頼を損なうということをわかっているのだと思います。

仕事ができる人は、小さな約束をとても大事にしていると感じます。気遣い、行動力、そして誠実さが、相手の信頼をどんどんつかんでいくのです。

断るときほど丁寧な気遣いが必要

私は、企業研修に行った際、「御社の企業名を私のサイト内で公開してもよろしいですか？」とお尋ねすることがあります。

担当の方は「そうですね、本社に確認してみないとわからないのでまたお返事します」と言ってくださるのですが、その後、連絡はまずこないことが普通です。「返事がない＝NG」とこちらもあえて催促の問い合わせはしません。

しかし、とある企業で同じようなお願いをさせていただいた際、担当の方は翌日に「お役に立てず大変申し訳ありませんが……」と断りの内容ではありましたが、わざわざ電話をくださったのです。

その方にとっては、そのまま返事をしなくても大きな支障のないような私のお願いごとに対し、誠実に対応してくださったことに感激しました。小さなお願いの内容も大事にしてくれる気遣いに、担当の方はもちろん、その会社の印象がさらに良くなったのは言うまでもありません。
断るときほど丁寧な気遣いが必要ですが、自分がその立場になると、ついそのような気持ちは忘れがちです。

ビジネスシーンだけではなく、プライベートにおいても、何気ない小さなお願いや些細な約束を守ってくれる人ほど信頼され、今後も何かあったら頼りにしたいと思われるものです。

「小さなこと」を確実に行うことは、相手に対して誠実であろうとする気遣いの心の表れであり、あなたの信頼をグンと高めてくれるとても「大きなこと」なのです。

33

気遣いとはつまり、「想像力」のこと

ボディクリームとお手紙、2つのプレゼント

「もしこれをやったとしたら、その先にどんなことが起こる可能性があるだろう?」

まるで推理小説のようですが、気遣いには「想像力」が必要になります。

想像力が優れていると、一歩先の気遣いができるようになるのです。

以前、知り合いのSさんから、緊急に仕事の依頼がありました。

当初仕事をお願いしていた方が急に都合が悪くなったとのことで、とても困っている様子でした。私はその日に予定がありましたが、先約の友人に事情を話し、予定を変更してもらい、その依頼を引き受けました。

仕事当日も非常に気遣っていただき、「予定を変更して仕事を受けてくれたお礼です」とわざわざ紅茶の香りのボディクリームをプレゼントしてくださいました。

プレゼントには、「おやすみ前のひとときに、紅茶の香りで癒されますように」というメッセージが一緒に添えられていました。

Sさんの、こういうちょっとした一言にはいつも感心させられます。

一流の人は、まわりに広がる気遣いをする

そして、なんと驚いたことに、**「時間を変更してくださったお友達にもお礼をお伝えください」と友人の分のプレゼントまで用意してくれていた**のです。

Ｓさんから依頼された際に、私がちょっと口にした「時間変更できるか友人に確認してみます」の一言から、予定変更をしなければならない私の友人の状況を想像し、気にかけてくれていたのです。

友人にそのプレゼントを渡すと、「ナナエちゃんは、本当に素敵な方と知り合いだね」と、私の株まで上がってしまいました。

当事者である私だけではなく、私の予定変更によって手間がかかってしまうであろう友人のことまで気遣ってくれる想像力と配慮に、感動したことは言うまでもありません。一流の人は、まわりに広がる気遣いができる人なんだと、心の底から感じた瞬間でした。

「この人のために」という思いに繋がる

そんな気遣いをしてくれるＳさんなので、「この人のためなら何でもしよう！」「何かあったらお手伝いしよう！」という気持ちにさせられるのです。

私はこのとき、仕事の内容やお金よりも「この人のために」という気持ちが人を動かすのだとあらためて気づきました。

気遣いができる人と関わることは、お金には代えられない学びや気持ちよさがある、そんな風に思います。

それは逆に言えば、そういう気遣いをしていると、「この人のために」「何をおいてもこの人のためなら」と相手に思ってもらうことができるのです。

あなたも少し「想像力」をはたらかせて、ワンランク上の気遣いをしてみませんか?

「その先に何があるだろう?」と考える習慣が、あなたの価値を飛躍的に高めてくれるはずです。

34

「見ない」「言わない」「気づかない」ができる人になろう

「ほんの一瞬の視線」に敏感な人は多い

気遣いは「相手が心地よいと感じるか」が大事。
一歩先を考えて、あえて「見ない」「言わない」「気づかない」のも気遣いのうちです。

人は、ふとした無意識の「視線」を敏感に感じ取ったりするものです。
ある男性は、初対面の女性がビジネスシーンにもかかわらず、結婚指輪があるかどうかを確認する視線に気づくと言っていました。すぐさま確認されると、なんだか品定めされているようで居心地が悪いと話していました。

女性にとっては、**さりげない視線のつもりかもしれませんが、意外と相手は気づいてしまう**ものです。

私も、顔に大きなおできができたとき、会話をしている相手の視線がとても気になったことがありました。「私のおできをジーッと見ているな」と感じたときには、いたたまれない気持ちになり、結局会話に集中できなくなってしまいました（被害妄想かもしれませんが……）。

そんな私も、視線で恥ずかしい経験をしたことがあります。

友人とランチをしていたときのこと。友人が頼んだメニューを見て「おいしそうだな～」と心の中で思っていると、友人が「ちょっと食べてみる？」と私に言いました。

私は驚いて、「えっ⁉　どうして？」と聞くと、「だって、食べたそうな熱い視線を感じたから」と一言。「見透かされていた！」と、思わず赤面しました。些細な視線で相手に気を遣わせてしまうこともある、ということを学んだ出来事でした。相手に気を遣わせない「視線管理」に気をつけたいですね。

でも、どうしても気になるもの、違和感があるものは見たくなってしまうのが人間の性《さが》。そういうときには、「自分はつい見てしまう癖がある」ということをしっかりと認識し、**会話の最中ではなく、何か動作をしたときなどにさっと視線を向ける**ようにしましょう。どんなときでも「配慮」の気持ちを持とうとすることが大事です。

「〇〇にいましたよね」はNGワード

その場の状況を考慮して、余計なことを言わないのも一つの気遣いです。

学生時代、フレンチレストランでアルバイトをしていたとき、常連の男性がいつもとは違う女性の方をお連れになったときは、チーフに「余計なことは一切言わないように！」と口を酸っぱくして言われていました。「いつものワインにしますか？」などとうっかり口にしないよう、気を張っていたのを思い出します。

これは、仕事関係でも同じです。

「先日、○○にいましたよね」と言われて困った、という話をよく聞きます。どういうことかというと、その日は同じ職場の仲間とのバーベキューパーティがあったそうなのですが、家族との約束があって断っていたようなのです。ですから、みんなの前で、街で見かけたことを言われてちょっと気まずかったそうです。

特に**ビジネスにおいては、「○○にいましたよね」は気安く言わないほうが無難**かもしれません。プライベートの時間を大切にしている人が多いからこそ、注意したい一言です。お伝えする場合には、一対一など限られた空間で言うのがベストでしょう。

状況によっては、「言わない」というのも一つの気遣いになるのです。

「気づかないふり」もときには大切

私が、まだCAになる前の話です。

北海道から上京するため飛行機に乗ったときのこと。寂しさと不安で離陸した後、涙が止まらなくなったことがありました。まわりの人にぐちゃぐちゃな泣き顔を見られるのが恥ずかしく、窓の外をずっと見ているふりをしていました。

すると、飲み物のサービスにきたCAの方は、その様子に気づいたのか、私には声をかけないでいてくれました。

その代わりに、「いつでもお飲み物をお持ちしますので、声をおかけくださいね」と書いたメモをテーブルにそっと置いてくれたのです。

私の状況を察して、声をかけないでいてくれた気遣いに、気持ちが温かくなったのを覚えています。

無意識に、また不用意に向けたちょっとした視線や言葉で、「気遣いがない人だ」と思われるのは残念なことです。

視線管理、言葉管理も思いやりということを忘れないようにしましょう。

「見ない」「言わない」「気づかない」ができますか？

図版
08

見ない
気になるものほど、
視線を向けない気遣い
言わない
プライベートのことなど
安易にしゃべらない気遣い
気づかない
「触れない」「放っておく」のも
一つの気遣い

視線管理、言葉管理も思いやり

35 タクシー運転手から学んだ究極の気遣い

アクシデントで予定時刻ギリギリに

結果は変わらなくても、相手が自分に気持ちをどれだけ注いでくれたのかで、満足度は変わることがあります。

あるタクシーの運転手さんにまつわるエピソードです。

私はそのとき、急いで東京駅にタクシーで向かわなければなりませんでした。事前にアクシデントが発生し、タクシーを飛ばしても予定の新幹線の時間にギリギリ間に合うかどうか、という切羽詰まった状況だったのです。

しかし、タクシーをつかまえようにも、なかなかつかまりません。こんなときに限ってなぜか「回送」のタクシーばかりが通り過ぎます。焦っていたそのとき、「回送」と表示しているタクシーが停《と》まってくれました。

「お客様、お急ぎなんですよね。どうぞ！」と運転手さんが声をかけてくれました。

「回送なのに、いいんですか？」と言う私に、運転手さんは「大丈夫ですよ。こちらの心配をしてくださりありがとうございます」と返してくれました。

きっと時間からすると夜勤明けだと思われます。焦った様子の私に目を留めてくれたのでしょう。

「同じ気持ち」になって言葉をかけてくれる

運転手さんを焦らせては危ない、と思ってはいても車内で落ち着かない様子の私に、運転手さんは頻繁に声をかけてくれました。

「この道を過ぎれば、あとは比較的スムーズですよ」

「この調子ならあと5分で着けそうですよ」

そして、信号待ちをしているとき、運転手さんがじりじりとちょっとずつ、車を前に進めてくれているのです。

間に合うかどうかという観点で言えば、信号待ちをしているときにほんのちょっと車を前に進めるだけでは、さほど意味はないかもしれません。距離にすると、ほんの数センチの違いです。

しかし、その行為に**「私と同じ気持ちになってくれている」という運転手さんの心遣いをヒシヒシと感じた**のです。

私は、もうただそのことが嬉しくて、たとえ間に合わなくても、こんな運転手さんに会えてよかったとそんな気持ちになっていました。

気持ちは表現しなければ伝わらない

無事、予定の新幹線にも間に合い、ほっとしたところでタクシー会社にお礼の電話を入れました。すると、電話に出た方も「それは間に合ってよかったですね！　乗務員も喜びますよ。確かに伝えます！　わざわざお電話ありがとうございます」と嬉しそうに言ってくれました。

〝お客様の立場に立って〟という言葉は使い古されていますが、頭ではわかっていても具体的にどうすればいいのか迷うこともあるのではないでしょうか。

お客様の気持ちになりきって、その気持ちを共有する。

そして**「同じように感じていますよ」という気持ちが伝わるように表現していく**。

行為というのは、もちろん結果が大事です。

しかし、プロセス、つまりどういう気持ちで、どんな方法でそれを行ったのか、ということも同じくらい大切にしたいことです。相手の気持ちに寄り添って、それをきちんと相手に見える形で伝えていくことの大事さを、あらためて運転手さんに教えてもらいました。

36 「お客様」の立場になっても気遣いを忘れない

案内メールに返信したのはたった2人

「相手の立場で仕事を進める」という主旨のセミナーに参加したとき、講師から開口一番で活が入りました。

「この中で、セミナー案内のメールに対して返事をくれた方は、15名中2名だけでした。自分が逆の立場だったらどう思うか考えてみませんか?」

ドキッとしました。私は案内のメールに対して何も返事をしていませんでした。

逆の立場だったら、
「メールはちゃんと届いているだろうか」
「当日は本当に来てくれるだろうか」
と、きっと心配になります。

仕事関係の方や友人からもらった連絡には、必ず「届いた」という報告をするのに、お金を払う立場になった途端すっかりその意識が抜けてしまうことがよくあります。

たとえば、店員さんやサービススタッフの方など、お金を払ってもらう側の人にも当然感情があります。

お客様からの何らかの心遣いを感じると、気分よく仕事ができるだけでなく、自然とプラスアルファのサービスをしてしまうのではないでしょうか。

身近な人と関わるときの気持ちで

ある気遣いの達人は、レストランなどを予約するときは、ランチとディナーの間の時間に電話を入れるようにしていると言っていました。その時間であれば、お店の人も余裕を持って対応できるとのこと。

この友人は、いろいろなお店に行くたびに、店員さんに顔を覚えてもらっているのですが、一人ひとりに丁寧な気遣いをしています。

「こちら、手に取って見てもいいですか?」

「詳しくないもので、質問してもいいですか?」

わざわざ、店員さんに確認して了解をもらっているんですね。

去り際も「見せてもらってありがとうございます。楽しかったです」と必ずお礼を言います。

友人は、「〝素敵だな〟〝楽しかったな〟と思ったままを伝えているだけだよ」と言っていました。

別に見返りを期待してコミュニケーションを取っているわけではありません。なのに、まわりが友人のその振る舞いに、いろいろなサービスをしてくれるのです。ときには、限定商品を紹介してくれたり、裏メニューを出してくれることも。

自分がお金を払う立場にいても、身近な人と接するときのように関わることで、自分も相手も気持ちが明るくなり、楽しいことが起こるきっかけをまわりがくれるのではないかと思います。

今まで何気なく見過ごしてきたこと。まずは、今度店員さんに何かしてもらったら「ありがとう」と言ってみる。そんなちょっとしたことからはじめてみませんか？

37 美しい気遣いは「型」にはまらない

「上座」は状況によって変わる

「気遣い」に、決まった「型」はありません。

何か形式があるわけではないので、状況や相手に合わせて変えるのが望ましいでしょう。

ときに、型が先行していない気遣いに感動することがあります。

以前、大手保険会社の支店長さんと一緒に車に乗ったときのこと。車に乗る際、私は招かれている立場なので、上座（運転席の後ろ）に座るのが普通です。

しかし、支店長は「三上さん、スカートですから私が先に乗りましょう」と気遣ってくれたのです。確かにタイトスカートをはいている場合など、車の奥まで体を移動させるのは体勢的にきついものです。重い荷物を持っているときなども同じで、手前に乗れるとありがたいなと感じることがあります。

いわゆる**一般的なビジネスマナーという型に縛られることなく、その場に最も適した形で気遣いをしてくれる**。

支店長さんの気遣いに私は心を揺さぶられました。

メールで「！」を使うのは間違いじゃない

メールでのコミュニケーションにおいても同じことが言えます。メールは、直接顔が見えないからこそ、相手との温度を近づける気遣いが不可欠です。

たとえば、相手が「よろしくお願いします！」などの感嘆符を使ってきたとしたら、こちらも合わせて「こちらこそ、どうぞよろしくお願いいたします！」と、同じ気持ちをアピールする。

ビジネスメールでは使わないほうがいいとされている「！」も、相手によっては使うことで気配りを演出することができるのです。

いつまでも形式先行ではかえって相手を疲れさせてしまいます。メールの場合、見えない分、距離もなかなか縮まりません。すべて型に収めようとせずに、「相手」に合わせた気遣いを選択してみましょう。

ワンランク上の気遣いができる人は、このように状況や人に合わせるのがとても上手です。それは、**「状況」と「人」をよく観察している**からかもしれません。

「その場に応じて形が変わる」と言うと、高度な技に思えるかもしれませんが、「気遣いに形式はない」と言い換えれば、気負わずにできそうな気がしませんか？

「形式」がないということは、絶対の「正解」も「間違い」もないということ。

自分が「良い」と思う気遣いをやってみることが一番なのです。

文庫版おわりに

拙著をお読みくださりありがとうございます。

この本に興味を持ってくださったということは、あなたには少なからずこんな思いがあったのではないでしょうか。


「あの人みたいに、うまく人に気を遣えるようになりたい」

「気遣いをしているつもりだけれど、うまくいっているか不安」

「気を遣いすぎて疲れてしまうけど、しょうがないのかな？」


社会生活を送る上で「こうでなければならない」という考えの中で生きてい

る人は多いと思います。特に人間関係に重きをおき、知らないうちに自分にたくさんのプレッシャーがかかっている場合もあるでしょう。

「自分は○○だ。だから△△しなければ、価値がない」
「自分は××だ。だから■■でなければ、人に受け入れてもらえない」
「相手が★★なのは、きっと自分が○○だからだ」

そのような考えは自分を成長させてくれる場合もあります。

しかし一方で、**自信を持つことをためらったり、我慢を自分に強《し》いてしまうこともあるかもしれません。**

本当は相手のイライラや落胆を自分のせいだなんて思わなくてもいいのに、自信をなくしたり気を張って気疲れしてしまう。人と会うのが億劫になったりしてしまうことも。

振り返ると実は私の中にはこんな思いがあり、この本を一番届けたい相手は、過去の私なのかもしれません。

２０１４年に『仕事も人間関係もうまくいく「気遣い」のキホン』の単行本が出版され、そんな思いに共感してくださる方からご感想をいただくことがたくさんありました。


「気遣いは考えすぎなくて良いことがわかった」

「私にもできそうなことで安心した」

「なぜ自分の気遣いが疲れてしまうのか腑に落ちた」

「実際やってみて、人間関係が良い方向に変わっていくことを実感できた」

など。

お悩みに少しでも寄り添えたこと、これほど嬉しいことはありません。

その上で、あらためてお伝えしたいのは、

「自分がどう思われるかは一旦置いて、楽しんでほしい」ということ。

もしあなたが今、「過去の私」のようなことを感じ、空回りして自信を失っているとしたら、この本がお役に立てるといいなと思っています。

この本でご紹介した小さなこと、何か一つでも「これは！」と思ったことを楽しみながらぜひやってみてほしいです。

「知っていること」と実際「していること」には大きな隔《へだ》たりがあります。これまでの自分と違う言動が、良いスパイラルを起こしていくことを実感できるでしょう。

うまくいかないよりは、やらないほうがいいかも？　そんな気持ちは理解できます。

ただ、実際やってみた自分を認めてあげてほしいのです。相手は自分とは違う人間ですからたまたま「間」が違ったということは起こります。

しかし何事もやってみないと得られない、わからないことがたくさんあります。

少し勇気を出してやってみる。それによって得た一つひとつが自信となって未来につながり、さらにあなたを輝かせてくれるでしょう。

あなたの明日が、今よりも希望に満ちて明るく楽になることを願っています。

２０２４年９月

三上ナナエ

図版——荒井雅美（トモエキコウ）

著者紹介
三上ナナエ（みかみ　ななえ）
新卒でオフィスシステム販売会社(現リコージャパン)に入社し、販売戦略の仕事に携わる。その後、ANA(全日本空輸)に客室乗務員(CA)として入社。チーフパーサー、グループリーダー、OJTインストラクター、客室部門方針策定メンバー、新卒採用支援を経験。フライト数は4,500回におよぶ。
ANA退社後は、研修講師として活動。接客・接遇・コミュニケーション力向上研修など、官公庁や民間企業、大学など多数で採用され、受講者総数は2万人以上。年間80回以上の研修を担当している。
主な著書に、『マンガでわかる！ 仕事も人間関係もうまくいく「気遣い」のキホン』『気遣いできる人は知っている！ 会話のキホン』『その気遣い、むしろ無礼になってます』(以上、すばる舎)、『「感じのいい女性」が使っている気遣いの魔法』（PHP研究所）、『ビジネストラブル脱出フレーズ80』(学研プラス)、『仕事の成果って、「報・連・相」で決まるんです。』(大和出版)などがある。
日本パーソナルカラー協会上級資格。

【三上ナナエ　ホームページ】https://www.pro-manner.com/

本書は、2014年2月にすばる舎より刊行された作品に加筆・修正したものです。

PHP文庫　仕事も人間関係もうまくいく
「気遣い」のキホン

2024年10月15日　第1版第1刷

著　者	三上ナナエ
発行者	永田貴之
発行所	株式会社PHP研究所

東京本部　〒135-8137 江東区豊洲5-6-52
ビジネス・教養出版部　☎03-3520-9617(編集)
普及部　☎03-3520-9630(販売)
京都本部　〒601-8411 京都市南区西九条北ノ内町11
PHP INTERFACE　https://www.php.co.jp/

組　版	有限会社エヴリ・シンク
印刷所	株式会社光邦
製本所	東京美術紙工協業組合

ISBN978-4-569-90445-0

PHP文庫

本物には愛がある

黒柳徹子 著

芸能界のレジェンド、『窓ぎわのトットちゃん』の著者である黒柳徹子さんが、幸せに生きるために本当に大切なことを語りつくします。